100 receitas com
LATA

Livros do autor publicados pela **L&PM** EDITORES

Coleção **L&PM** POCKET:

100 receitas de aves e ovos
100 receitas com lata
100 segredos de liquidificador
200 receitas inéditas do Anonymus Gourmet
Anonymus Gourmet em Histórias de cama & mesa
Dieta mediterrânea (c/ Fernando Lucchese)
Comer bem, sem culpa (c/ Fernando Lucchese e Iotti)
Cozinha sem segredos
Mais receitas do Anonymus Gourmet
Na mesa ninguém envelhece
Novas receitas do Anonymus Gourmet
Receitas da família
Receitas fáceis
Voltaremos!

Livros convencionais:

233 receitas do Anonymus Gourmet
A boa mesa com sotaque italiano (com Iotti)
O brasileiro que ganhou o prêmio Nobel
Copos de cristal
Enciclopédia das mulheres
Meio século de Correio do Povo
Opinião x censura
Recuerdos do futuro

J.A. Pinheiro Machado

ANONYMUS **G**OURMET

100 receitas com LATA

www.lpm.com.br

L&PM POCKET

Coleção **L&PM** POCKET, vol. 731

Primeira edição na Coleção **L&PM** POCKET: setembro de 2008
Esta reimpressão: junho de 2011

Desta edição foi impressa uma tiragem especial para a empresa Conservas Oderich S.A.

Edição e seleção das receitas: Ciça Kramer
Revisão: Larissa Roso e Fernanda Lisbôa

CIP-Brasil. Catalogação-na-Fonte
Sindicato Nacional dos Editores de Livros, RJ

M131c Machado, José Antonio Pinheiro, 1949-
　　　　100 receitas com lata / Anonymus Gourmet. – Porto Alegre, RS : L&PM, 2011.
　　　　128p. – (L&PM POCKET ; v.731)

　　　　ISBN 978-85-254-1812-8

　　　　1. Culinária. 2. Acondicionamento e conservação de alimentos. I. Título. II. Série.

08-4036.　　　　　　　　　　　CDD: 641.5
　　　　　　　　　　　　　　　　CDU: 641.5

© José Antonio Pinheiro Machado, 2008

Todos os direitos desta edição reservados a L&PM Editores
Rua Comendador Coruja, 314, loja 9 – Floresta – 90220-180
Porto Alegre – RS – Brasil / Fone: 51.3225.5777 – Fax: 51.3221-5380

Pedidos & Depto. comercial: vendas@lpm.com.br
Fale conosco: info@lpm.com.br
www.lpm.com.br

Impresso no Brasil
Outono de 2011

Sumário

Cozinhando com enlatados – *J.A. Pinheiro Machado* 9

Abóbora com creme 11
Almôndegas ao molho com batata suíça 12
Ameixas nevadas 12
Arroz com camarão e champanhe na calda de abacaxi 14
Arroz catalão 15
Arroz de biro-biro 16
Arroz de peixe 17
Arroz do Anonymus 18
Arroz na cerveja 18
Bacalhoada em lata 19
Baião de três 20
Bolo de atum 21
Bolo quatro latas 22
Bolo salgado de carne com milho 23
Cachorrinho 24
Cachorro-quente quadrado 25
Caldinho de feijão 26
Canudos gratinados 27
Carreteiro com punhos de renda 27
Creme de ervilha 28
Creme de milho no pão 30
Creme de morango com cerejas 30
Dobradinha com arroz soltinho e salada do Anonymus ... 31
Dobradinha com feijão branco e batata louca 33
Doce de ovos moles chique 33
Escondidinho 34
Estrogonofe clássico 36
Farofa de frutas assadas no forno 37
Feijoada branca 38
Feijoada rápida 39

Feijão magro	39
Filé Rossini	40
Frango à Marengo	41
Frango com molho de champanhe	42
Frango beleza	43
Frango com brócolis	44
Frango com lingüiça	45
Frango enrolado	46
Frango quatro latas	47
Frango na mostarda	47
Fricassê do Anonymus	48
Fritada de galinha	50
Fritada de presunto	51
Galinha abafada	52
Galinha dourada	53
Galinha de inverno	54
Lasanha bolonhesa fácil	55
Lasanha de lingüiça	56
Lasanha de pão	57
Lasanha super-rápida	58
Lombinho com abacaxi e presunto	59
Lombo com ameixas	60
Macarrão com molho de lingüiça	61
Macarrão Punta del Este	61
Maionese de pêssegos	62
Massa parisiense	63
Musse de goiabada	64
Musse de pepino	64
Omelete de forno com salada ao molho vinagrete	65
Paeja rio-grandense	66
Pão de mortadela	67
Pastelão de batata	68
Pastelão de frutas	69
Rolinho de queijos com patês	70
Pasta de bacon	71
Peixe quatro latas	71

Pescaria de salmão	72
Picadinho dos deuses	74
Pizza cachorro-quente	74
Pizzas caseiras	75
Pizza de atum	76
Pizza de sardinha	77
Pizza instantânea	78
PF do Anonymus	78
Pimentão recheado	79
Porca atolada	80
Pudim de palmito	81
Pudim dois sabores	82
Polenta mole com molho	83
Quiche de aspargos	84
Risoto doce	85
Risoto de cogumelos	86
Rocambole de carne	87
Salada alemã com chucrute	88
Salada da Vó Maria	89
Salada de frutas com iogurte	91
Salada quente de macarrão	91
Salpicão no abacaxi	92
Sopa do coração crocante	93
Suflê de palmito	94
Show de goiabada	95
Tapete mágico	96
Tomates recheados	97
Torradas florentinas	98
Torta de legumes	98
Torta de pêssego	99
Torta de requeijão	100
Torta dourada	101
Torta rápida de latas	102
Totosão	102

Anexos 105

Cozinhando com enlatados

J.A. Pinheiro Machado

Este livro tem tudo a ver com o Anonymus Gourmet, porque valoriza um item às vezes negligenciado: a lata. O alimento enlatado é um símbolo da praticidade e da economia de tempo na cozinha, sem perda de qualidade.

As incursões iniciais no mundo das panelas coincidem com o início da minha atividade de jornalista, 39 anos atrás: um jovem repórter, nas viagens e nos primeiros passos da vida independente, se lançando em inesperadas aventuras de forno e fogão. Desde então, inspirado no estilo Dona Circe de cozinhar e de viver – com a ênfase da minha mãe na simplicidade eficiente e consistente –, me acostumei às receitas fáceis, de pouco custo, saborosas e, muitas vezes de visual surpreendente, nas quais os enlatados sempre foram tratados com a nobreza merecida. O jornalista-cozinheiro de 19 anos não poderia imaginar que, décadas depois, o frango quatro latas, a galinha dourada, a bacalhoada de atum, a feijoada rápida e tantas dezenas de outras receitas, realizadas a partir de enlatados, brilhariam na TV.

A edição e seleção das receitas deste livro foram realizadas com a ajuda indispensável de Ciça Kramer, a Ciça do relogiaquinho. É a reunião de muitas idéias de elaborações práticas e saborosas, que contou com o apoio técnico da Conservas Oderich, uma empresa do Rio Grande do Sul que há 100 anos trabalha com enlatados de alta qualidade.

Na sua grande maioria, os alimentos em lata de aço não necessitam ter conservantes químicos: são alternativas saudáveis, que mantêm os nutrientes em condições de higiene e segurança.

Cozinheiros e cozinheiras previdentes sabem o valor das latas, amigas silenciosas e pacientes. Elas estão ali, nos aguardando, a postos, às vezes, durante meses na despensa, sempre prontas para brilhar, no jantar inesperado ou no lanche rotineiro.

ABÓBORA COM CREME

1 lata de abóbora em calda, 2 xícaras de açúcar, 4 ovos, 4 colheres de açúcar, 2 colheres de maisena, 1 litro de leite, 1 copo de leite

1 – Leve as 2 xícaras de açúcar em uma panela ampla para o fogo, fogo baixo. Deixe derreter até virar caramelo. Acrescente o litro de leite. Espere abrir a fervura.

2 – Enquanto isso, dissolva a maisena no copo de leite e acrescente à panela. Passe antes por uma peneira para evitar grumos. Misture.

3 – Separe as claras das gemas. Acrescente as gemas à panela e misture bem até engrossar levemente.

4 – Enquanto isso bata as 4 claras em neve. Depois acrescente as 4 colheres de açúcar. Bata mais até que fique bem firme.

5 – Desligue o fogo e acrescente as claras batidas à panela. Misture tudo, com cuidado, até obter um creme homogêneo.

6 – Abra a lata de abóbora e arrume os pedaços em um refratário. Por cima entra o creme. Leve para a geladeira por 3 horas, no mínimo. O ideal é servir bem gelado!

Almôndegas ao molho com batata suíça

1 lata de almôndegas ao molho, ½ kg de batatas cozidas, 1 gema, 100g de bacon, 1 colher (sopa) de manteiga, 1 cebola

1 – Enquanto você esquenta as almôndegas ao molho, prepare a batata suíça.

2 – Rale a batata já cozida em água em ralo grosso.

3 – Misture a batata ralada com a cebola e o bacon picados. Junte a gema e misture até obter uma massa.

4 – Amasse bem e faça um bolinho chato do tamanho da frigideira.

5 – Coloque a manteiga na frigideira e frite a batata suíça, virando dos dois lados até ficarem dourados. Sirva com as almôndegas ao molho bem quentes.

Ameixas nevadas

Para a merengada:
6 claras, 12 colheres de açúcar

Para o creme de ovos:
6 gemas, 1 litro de leite, 3 colheres de maisena, 1 colher de manteiga, 4 colheres de açúcar

Para as ameixas:
1 lata de ameixas pretas secas, 2 xícaras de água, 4 colheres de açúcar

1 – Comece pelas ameixas. Retire os caroços das ameixas. Deixe-as de molho na água por alguns minutos. Depois coloque-as, com as 2 xícaras de água, em uma panela e misture as 4 colheres de açúcar. Leve ao fogo, mexendo sempre. Quando abrir a fervura, espere mais alguns minutos e estará pronto. As ameixas devem ficar com um pouco de calda.

2 – Para fazer o creme de ovos, misture as gemas com a maisena e um pouco do leite. Passe tudo por uma peneira para dentro de uma panela. Acrescente o restante do leite, a manteiga e as 4 colheres de açúcar. Mexendo sempre, deixe engrossar em fogo baixo. O creme ficará bem amarelo, quase um mingau.

3 – Agora a merengada. Bata as claras em neve. Quando estiverem bem firmes, acrescente as 12 colheres de açúcar, batendo sempre. São mais 5 minutos de batedeira até formar a merengada.

4 – Agora a montagem das ameixas nevadas. Distribua o creme de ovos no fundo de um refratário grande. Por cima as ameixas com a calda. Espalhe com cuidado para que fiquem por todo o refratário. Depois misture levemente as ameixas com o creme. Para finalizar entra a merengada. Espalhe-a bem. Leve ao forno preaquecido por, em média, 10 minutos. O tempo suficiente para dourar a merengada. Sirva quente ou espere amornar e leve para a geladeira. Uma delícia.

ARROZ COM CAMARÃO E CHAMPANHE NA CALDA DE ABACAXI

1 kg de camarão cru, 2 xícaras de arroz, 1 litro de leite, 4 colheres de farinha de trigo, 50g de manteiga, 2 xícaras de caldo de peixe, 1 lata de abacaxi em pedaços, 100g de queijo, 2 copos de champanhe, 1 xícara de farinha de trigo, 1 xícara de farinha de rosca, 2 claras, sal, pimenta, azeite

1 – Coloque o camarão em uma vasilha com a champanhe. Tempere com sal e pimenta. Deixe na geladeira.

2 – Numa panela quente com um pouco de azeite, acrescente o arroz. Deixe fritar uns minutos, sem queimar. Adicione o caldo de peixe. Pode usar um tablete de caldo de peixe dissolvido em 2 xícaras de água quente. Misture e entre com mais 2 xícaras de água quente. Deixe cozinhar em fogo baixo com a panela tampada por 15 minutos. Não é preciso deixar o arroz muito cozido porque ele vai ao forno.

3 – Enquanto isso prepare o molho branco, batendo no liquidificador o leite, a farinha de trigo e a manteiga. Leve a mistura para uma panela. Mexendo sempre, deixe engrossar levemente. Em ponto de mingau, bem cremoso.

4 – Com o arroz pronto, acrescente colheradas do molho branco. O suficiente para deixar o arroz também cremoso.

5 – Agora unte um refratário. Faça uma camada de arroz com molho branco. Em cima uma camada de abacaxi bem picado. Depois o queijo cortado em cubinhos também. Outra camada de arroz. Leve ao forno baixo, o tempo suficiente para derreter o queijo e terminar de cozinhar o arroz.

6 – Enquanto isso vamos aos camarões. Retire-os da champanhe. Passe um por um na clara, depois na farinha

de trigo, novamente na clara e por último na farinha de rosca. Frite os camarões em óleo bem quente.

7 – Arrume-os em cima do arroz que está no forno, aqueça uns minutinhos e sirva!

Arroz catalão

1 cebola média, 2 dentes de alho, 1 colher (chá) de açafrão, 500g de carne de galinha, 250g de lingüiça defumada, 1 xícara de vinho branco, 2 xícaras de arroz, ½ lata de ervilha, ½ xícara de salsão picado, 2 colheres de salsa picada, azeite

1 – Aqueça uma panela e coloque um pouco de azeite. Doure o alho e a cebola picados.

2 – Entre com a carne de galinha (pode ser peito) cortada em cubos e com a lingüiça em rodelas pequenas. Frite tudo até dourar a carne.

3 – Agora entram o vinho branco e o açafrão. Misture. Deixe cozinhar por 10 minutos.

4 – Junte o arroz, a ervilha, o salsão e a salsa. Mexa e acrescente 4 xícaras de água.

5 – Tampe a panela, baixe o fogo e cozinhe por 15 minutos ou até o arroz ficar macio.

6 – Deixe a panela tampada, depois de pronto, fora do fogo por 10 minutos antes de servir. Acompanhe com queijo ralado e salsa picada.

Arroz de biro-biro

50g de bacon, 2 xícaras de arroz cozido, 2 ovos, 1 xícara de batata palha, 1 lata de milho, azeite de oliva

1 – Coloque 2 colheres de azeite de oliva em uma panela e acrescente o bacon.

2 – Deixe fritar um pouquinho para dourar o bacon.

3 – Em seguida junte o arroz já pronto. Misture. A idéia é usar sobras, então, o arroz é aquele que ficou na geladeira. Arroz já cozido.

4 – É hora de entrar a batata palha, o milho e os ovos batidos. Mexa delicadamente.

5 – Deixe cozinhar em fogo baixo, para que o ovo cozinhe lentamente.

6 – Acrescente um pouquinho de água, se for necessário, para não grudar o arroz no fundo da panela.

7 – Quando os ovos estiverem cozidos e o arroz bem quente, está pronto!

Arroz de peixe

1 salmão inteiro, 1 lata de ervilhas, 1 vidro de palmito, 3 xícaras de arroz, 3 cenouras raladas, 3 tomates, 3 colheres de massa de tomate, 1 tablete de caldo, 1 ramo de cebolinha, azeite, sal

1 – Compre o peixe inteiro mas separado em filés e aparas. Coloque as aparas (cabeça, espinha...) numa panela e cubra com água. Leve para o fogo. Quando abrir a fervura, coloque o tablete de caldo (pode ser de bacalhau, camarão, galinha...). Deixe ferver por 20 minutos. Desligue o fogo.

2 – Separe o caldo das aparas. Bata o caldo no liquidificador com os tomates e a massa de tomate.

3 – Corte os filés de peixe em pedaços grandes. Leve-os para uma panela com um pouco de azeite e, em fogo baixo, frite-os rapidamente. Junte o arroz. Frite um pouco. Em seguida entre com as cenouras raladas, as ervilhas, o palmito e a mistura batida no liquidificador. Você deve ter, pelo menos, 6 xícaras de molho. Se sobrar, reserve.

4 – Misture tudo, tempere com sal e deixe abrir a fervura. Baixe o fogo, tampe a panela. São, em média, 15 minutos. Durante o cozimento cuide para não secar. O arroz de peixe deve ser servido bem molhadinho. Use o restante de caldo do salmão ou água mesmo.

5 – Com o arroz cozido, finalize com cebolinha picada e tampe a panela. Espere 10 minutos para servir.

Arroz do Anonymus

2 xícaras de arroz cru, 1 lata de ervilha, 1 lata de milho, 1 copo de molho de tomate pronto, 3 xícaras de água, azeite, sal

1 – Em uma panela com um pouco de azeite, deixe fritar bem o arroz.

2 – Entre com as ervilhas, com a água da lata, o milho também com a água e o molho de tomate.

3 – Misture e acrescente as 3 xícaras de água. Uma colher de sal e tampe a panela. São mais ou menos 15 minutos até cozinhar o arroz. Depois de pronto, desligue o fogo e deixe a panela tampada por mais 10 minutos antes de servir.

Arroz na cerveja

2 xícaras de arroz, 1 cebola, 1 dente de alho, 4 xícaras de cerveja branca, 100g de ervilhas, 100g de passas de uva, 2 colheres de manteiga, 100g de nata, sal

1 – Numa panela ampla coloque a manteiga, deixe esquentar um pouco e coloque o arroz. Em seguida a cebola e o alho bem picados.

2 – Depois acrescente a cerveja, acerte o sal e deixe ferver um pouco.

3 – Quando o arroz estiver quase cozido, coloque as ervilhas e as passas.

4 – Por último entra a nata. Misture e está pronto!

Bacalhoada em lata

1 lata de milho, 1 lata de ervilha, 2 latas de molho de tomate, 2 latas de sardinha, 2 latas de atum, 2 tomates, 2 cebolas, 2 ovos cozidos, azeitonas em conserva, 2 batatas levemente cozidas, ½ vidro de pepino em conserva

1 – Comece com a montagem dos refratários. Monte os dois ao mesmo tempo. Um refratário será para o atum e outro para a sardinha. Os outros ingredientes serão divididos entre os dois. Dependendo do tamanho do refratário escolhido você pode precisar de um pouco mais ou menos de algum ingrediente.

2 – Bem, mas vamos à montagem da bacalhoada em lata, que na verdade tem duas versões: atum e sardinha. Coloque uma camada de batata cortada em rodelas em cada um dos refratários.

3 – Depois coloque em um deles o atum com o óleo, se usar o atum em água, coloque um pouco de azeite de oliva.

4 – No outro refratário, coloque as sardinhas com o óleo também.

5 – Por cima faça uma camada de cebola em rodelas em cada refratário.

6 – Por cima das cebolas coloque metade da lata de milho em cada um dos refratários e metade da lata de ervilhas.

7 – Cubra com uma lata de molho de tomate para cada refratário.

8 – Para terminar enfeite com rodelas de tomate e pepinos em fatias.

9 – Para saber qual é o de atum e qual é o de sardinha, coloque, no de atum, rodelas de ovo cozido, e no de sardinha, rodelas de cebola e azeitonas picadas.

10 – Leve os dois refratários ao forno por 40 minutos. Sirva com arroz branco.

Baião de três

2 latas de feijão com lingüiça, 2 cebolas em conserva, 200g de polpa de tomate, 2 xícaras de arroz, 500g de charque, 1 pimentão vermelho, 1 pimentão verde, 4 dentes de alho, 1 colher de manteiga, 200g de queijo ralado grosso, azeite, sal

1 – Comece preparando o charque. Coloque a carne de molho em água. Espere uns minutos e troque a água. Repita a operação por 3 ou 4 vezes. A idéia é retirar um pouco do sal do charque mas não deixá-lo sem gosto.

2 – Enquanto isso, vamos ao arroz. Frite com um pouco de azeite. Depois acrescente 4 xícaras de água. Misture, tempere com sal e tampe a panela. É preciso cozinhar

em fogo baixo por 15 minutos. Desligue e deixe a panela tampada por mais 10 minutos.

3 – Chega a hora de preparar o baião de três. Primeiro refogue o charque, sem a água, com uma colher de manteiga. Deixe bem dourado. Junte as cebolas picadas. Misture. Acrescente também o pimentão verde e o vermelho, picados. Mexa, espere um pouco e adicione o alho picado e a polpa de tomates. Mexa tudo, tampe a panela e refogue por uns 10 minutos.

4 – Baixe o fogo e acrescente ao refogado as 2 latas de feijão. Misture com cuidado e deixe abrir a fervura.

5 – Junte também duas conchas do arroz pronto. Misture. Se for preciso acrescente mais arroz. Fica ao seu gosto. Mais arroz ou mais feijão.

6 – Acrescente o queijo, mexa bem e tampe a panela até derretê-lo.

7 – Arrume tudo em uma travessa e sirva em seguida com mais queijo e uma boa salada verde!

Bolo de atum

1 pão de fôrma, 2 latas de atum, ½ lata de molho de tomates refogados, 2 colheres de ketchup, 1 lata de milho verde, 1 cebola média picadinha, azeitonas picadas, 250g de maionese, 1 pacote de batata palha, farinha de rosca

1 – Esfarele o pão de forma em uma tigela e junte os demais ingredientes, menos a maionese e a batata palha.

2 – Misture bem e coloque em um refratário untado e enfarinhado com farinha de rosca.

3 – Leve ao forno por cerca de 20 minutos. Retire, espere esfriar e decore com maionese e batata palha.

Bolo quatro latas

1 lata de milho verde, 1 lata (o equivalente) de açúcar, 1 lata (o equivalente) de leite, 1 lata (o equivalente) de fubá de milho, 1 colher de fermento químico, 3 colheres de margarina, 3 ovos

1 – Bata todos os ingredientes no liquidificador.

2 – Unte uma forma com cone no centro usando um pouco mais de margarina e um pouco mais também de fubá.

3 – Arrume a mistura na fôrma e leve ao forno preaquecido. O bolo estará pronto em 30 minutos, em média, ou quando um palito inserido no centro sair limpo.

Bolo salgado de carne com milho

3 xícaras de milho em conserva, 2 tomates, 1 xícara de farinha de milho, 1 xícara de farinha de trigo, 1 xícara de tempero verde, ½ xícara de óleo, 1 cebola, 1 colher de fermento químico, 4 ovos, 2 xícaras de carne moída, ½ xícara de queijo ralado

1 – Refogue a carne moída com a cebola picada. Deixe esfriar.

2 – Bata as claras em neve.

3 – Misture o milho com os tomates picados, a farinha de milho, a farinha de trigo, o tempero verde bem picado, o óleo, o fermento, as 4 gemas e duas colheres de queijo ralado. Acrescente o refogado de carne e, por último, as claras em neve. Misture com cuidado até obter uma massa homogênea.

4 – Arrume-a em uma fôrma retangular untada e enfarinhada e cubra com o restante do queijo ralado.

5 – Leve ao forno preaquecido por 30 minutos, aproximadamente. Sirva quente ou frio!

Cachorrinho

½ kg de farinha de trigo, ½ copo de óleo, 1 copo de água morna, 10g de fermento biológico seco instantâneo, 1 colher (chá) de sal, 1 colher de açúcar, 2 latas de salsicha, 1 gema

1 – Comece preparando a massa. Peneire a farinha de trigo. Acrescente o fermento, o sal e o açúcar.

2 – Misture e adicione os líquidos. Primeiro o óleo e depois a água morna, mas aos poucos. Vá colocando a água e misturando, até dar o ponto na massa. A massa deve ficar uniforme e lisa. Não é preciso sovar muito. Apenas o suficiente para deixar a massa consistente.

3 – Coloque a massa em cima de uma tábua, com um pouco de farinha para não grudar.

4 – Corte as salsichas em 3 partes.

5 – Retire pedaços da massa. Abra-os na palma da mão. Arrume um pedaço de salsicha e feche a massa. Enrole bem.

6 – Faça vários cachorrinhos, em média, 30.

7 – Arrume-os em uma fôrma untada e enfarinhada. Pincele com a gema. Leve ao forno preaquecido por 40 minutos. Espere esfriar e sirva.

Cachorro-quente quadrado

100g de margarina, 3 colheres de azeite, 1 pão de sanduíche inteiro, 7 salsichas, 1 cebola, 1 tomate, 1 ovo, 100g de queijo em fatias

1 – Derreta a margarina com as 3 colheres de azeite. Deixe esfriar.

2 – Retire a casca do pão de sanduíche, que não deve estar cortado em fatias. Um pão de forma inteiro. Corte-o em pedaços, quadrados. Podem ser grandes ou pequenos, depende do tamanho do cachorro-quente. Arrume-os em uma fôrma e leve ao forno até tostar levemente.

3 – Enquanto isso prepare o refogado de salsichas. Corte-as em pedaços bem pequenos. Leve-as para uma frigideira com antiaderente ou acrescente um pouco de óleo. Em seguida coloque a cebola, também bem picada. Quando a cebola começar a dourar, coloque o tomate cortado em pedaços pequenos. Misture. Deixe refogar uns 10 minutos. Está pronto.

4 – Corte pequenos quadrados dentro dos quadrados de pão. É para fazer um buraco. Cave bem para ter um bom espaço dentro dos quadrados de pão.

5 – Misture a margarina derretida com o ovo. Pincele cada quadrado de pão, por todos os lados, com essa mistura de margarina e ovo. No fundo arrume uma fatia de queijo. Por cima coloque o refogado até preencher todo o buraco. Cubra com mais queijo. Com todos os quadrados prontos, arrume-os em uma fôrma e leve ao forno por 15 minutos ou até derreter bem o queijo. Sirva em seguida com uma boa salada!

Caldinho de feijão

1 lata de feijão pronto, 2 cebolas, 2 cenouras, 1 kg de ossos com carne, 1 molho de aipo, 3 dentes de alho, azeite, sal, molho de pimenta

1 – Em uma panela com um pouco de azeite, frite os ossos com a carne. O ideal é escolher uns ossos que venham com um pouco de carne. Pode ser agulha com osso, por exemplo. Frite bem os pedaços de carne, por todos os lados. Pode temperar com sal.

2 – Acrescente as cebolas e as cenouras cortadas em pedaços grandes, o aipo (sem as folhas, só o talo) picado e os dentes de alho sem casca mas inteiros.

3 – Complete com água até cobrir todos os ingredientes do caldo. Tampe a panela e deixe cozinhar até que a carne esteja macia, se desmanchando.

4 – Bata no liquidificador o feijão com 2 conchas do caldo de carne. Pode pegar algum pedaço que tenha ficado inteiro. Bata bem.

5 – Vá batendo aos poucos e colocando tudo em uma panela. A quantidade depende do número de convidados. Vá regulando, mais caldo, mais feijão. O importante é deixar o caldinho com uma cor bem escura, mais feijão do que caldo. Se sobrar um pouco de caldo de carne, congele para preparar um risoto, por exemplo.

6 – Leve a panela com o caldinho de feijão ao fogo até abrir a fervura. Acerte o sal e dê um toque especial com umas gotas de molho de pimenta. Misture e sirva em seguida!

Canudos gratinados

1 vidro de palmitos inteiros, 200g de queijo em fatias, 200g de presunto em fatias, 1 lata de creme de leite, 1 copo de requeijão, 50g de queijo ralado

1 – Para fazer os canudos primeiro coloque as fatias de queijo em cima das fatias de presunto. No centro, enrole o palmito inteiro. Corte em três partes iguais.

2 – Arrume as rodelas em um refratário.

3 – Misture o requeijão e o creme de leite. Coloque por cima dos canudos e cubra com queijo ralado. Leve ao forno por 20 mintuos ou até dourar o queijo. Sirva em seguida.

Carreteiro com punhos de renda

100g de tomate seco, 500g de carne, 200g de cebolinha em conserva, 1 lata de milho, 1 copo de caldo de carne, 200g de champignon, 2 xícaras de arroz, 1 lata de ervilha, azeite de oliva, sal

1 – Leve uma panela ao fogo e coloque umas duas colheres de azeite de oliva. Em seguida, acrescente o tomate seco.

2 – Junte também a carne já cortada em iscas. Misture e deixe refogar um pouco.

3 – Quando a carne estiver levemente dourada é a hora de entrar a cebolinha cristal e o milho. Misture.

4 – Acrescente o caldo de carne. Misture novamente e deixe cozinhar por uns 20 minutos ou mais, até a carne cozinhar bem.

5 – Coloque o arroz e 4 xícaras de água. Misture.

6 – Acerte o sal. Tampe a panela e deixe o arroz cozinhar.

7 – Quando o arroz estiver cozido desligue o fogo e coloque o champignon e a ervilha.

8 – Misture bem e tampe a panela. Mais 10 minutos e estará pronto para servir! Não jogue fora as águas da cebolinha, aquela em conserva e bem pequena, do milho, do champignon e da ervilha. Você pode usá-las para cozinhar o arroz. São 4 xícaras de água, então, conte quantas você terá com as águas dos ingredientes e complete com água. O sabor do carreteiro vai ficar bem mais interessante. Pode testar!

CREME DE ERVILHA

500g de ervilha seca, 2 latas de ervilha, 2 tabletes de caldo de carne, 200g de lingüiça, 100g de bacon, 1 cebola, fatias de pão, sal, pimenta

1 – Arrume as ervilhas secas em um refratário e cubra-as com água. Deixe-as de molho até secar a água. Cubra novamente com água.

2 – Numa frigideira refogue o bacon picado. Deixe dourar. Acrescente a lingüiça (pode ser calabresa) cortada em rodelas. Misture e deixe por alguns minutos.

3 – Bata no liquidificador as latas de ervilha, com a água, os tabletes de caldo e a cebola descascada e cortada em pedaços. Coloque água suficiente para bater.

4 – Retire da frigideira os pedaços de bacon e de lingüiça, evite o excesso de óleo, e coloque-os em uma panela ampla. Acrescente também a mistura do liquidificador e as ervilhas secas devidamente hidratadas. Misture. Complete com mais água, até cobrir todos os ingredientes. Espere abrir a fervura e baixe o fogo. Deixe cozinhar com a panela tampada por, em média, 40 minutos. O creme estará pronto quando a ervilha estiver macia. Acerte o sal e dê um toque de pimenta também. Se preferir um creme mais líquido, durante o cozimento, acrescente um pouco mais de água quente.

5 – Para servir, uma dica. Na frigideira onde o bacon e a lingüiça foram refogados, coloque fatias de pão. Deixe dourar dos dois lados. Corte em pedaços pequenos e sirva para acompanhar o creme. Queijo ralado também é bem-vindo!

CREME DE MILHO NO PÃO

1 lata de creme de milho, 1 pão inteiro redondo (tipo italiano), 4 fatias de queijo, 1 ovo

1 – Esquente bem o creme de milho.

2 – Abra o pão italiano (ou outro da sua preferência), somente retire a parte superior. Retire também um pouco do miolo. Arrume 2 fatias de queijo dentro do pão.

3 – Coloque a sopa dentro do pão, no centro vai o ovo cru.

4 – Cubra com o restante do queijo picado.

5 – Tampe novamente o pão e leve ao forno, dentro de uma fôrma, por 20 minutos, o tempo de derreter o queijo e cozinhar o ovo. Sirva com salsinha picada.

CREME DE MORANGO COM CEREJAS

2 caixas de morangos, 1 lata de creme de leite, 1 ½ lata de leite, 350g de ricota, 8 colheres de açúcar, 1 colher de chá de essência de baunilha, 1 vidro de cerejas em conserva

1 – Coloque numa panela em fogo baixo os morangos bem lavados e sem os talos.

2 – Deixe derreter um pouco e acrescente o açúcar. Misture bem.

3 – Deixe cozinhar em fogo baixo até que fique bem mole, como geléia de morango. Desligue o fogo.

4 – No liquidificador bata o creme de leite, o leite, a ricota e a essência de baunilha.

5 – Depois misture a batida do liquidificador com a geléia de morango.

6 – Arrume em um refratário e enfeite com as cerejas.

7 – Leve para a geladeira até ficar bem firme e gelado.

Dobradinha com arroz soltinho e salada do Anonymus

1 lata de dobradinha, 1 dente de alho, ½ cebola, 2 xícaras de arroz, 4 xícaras de água, 1 molho de alface comum, 1 molho de alface crespa, 1 molho de alface americana, 1 molho de agrião, 1 molho de salsinha, 3 pepinos, ½ vidro de pepinos em conserva, 1 pote pequeno de iogurte natural, 1 xícara de tomate cereja, 1 molho de beterraba, 4 pêssegos, 1 manga, 4 maçãs, 2 copos de requeijão

1 – Enquanto esquenta a dobradinha, prepare o arroz e a salada. Numa panela pequena coloque um pouco de azeite. Acrescente o dente de alho e a cebola picados e espere refogar por 1 minuto.

2 – Junte o arroz e misture bem. Frite o arroz, mas cuidado para não queimar.

3 – A seguir, um pouquinho de sal, e a água entra na panela. Assim que abrir a fervura, baixe o fogo, tampe e deixe cozinhar em fogo baixo. Durante o cozimento fique de olho, mas em 15 minutos, mais ou menos, está pronto.

4 – Faça o teste. Prove o arroz para ver se ele está macio. A água deve ter secado e o arroz precisa estar soltinho. Aí estará pronto. Depois de desligar o fogo, deixe a panela tampada por mais 10 minutos para que os grãos inchem.

5 – Para a salada, cozinhe a beterraba em bastante água. Quando ela estiver macia, deixe esfriar e corte em cubos grandes. Lave bem todas as folhas e a salsinha. Corte as folhas, com as mãos, em pedaços grandes. Pique a salsinha. Lave bem e corte o pepino em rodelas. Corte, também em rodelas, os pepinos em conserva. Lave as frutas. Retire a casca e pique-as em pedaços pequenos.

6 – Misture o requeijão com o iogurte natural. Mexa bem até ficar um creme homogêneo.

7 – Pegue um prato grande ou uma saladeira. Vamos montar a salada do Anonymus. Primeiro arrume as folhas e a salsinha.

8 – Depois coloque as frutas picadas, os pepinos, a beterraba e os tomates.

9 – Tempere com sal, pimenta e azeite de oliva.

10 – Por último entra o molho de iogurte com requeijão.

11 – Mexa com cuidado para que o molho fique bem misturado aos outros ingredientes.

12 – Está pronta. Se você quiser, leve para a geladeira para deixar os ingredientes com um sabor mais refrescante. Sirva com a dobradinha e o arroz soltinho.

Dobradinha com feijão branco e batata louca

1 lata de dobradinha com feijão branco, 2 batatas cozidas e esmagadas, ½ lingüiça picada, 50g de queijo ralado, azeite

1 – Enquanto esquenta a dobradinha com feijão branco, prepare a batata louca. Misture a batata cozida e esmagada com a lingüiça. Coloque um pouco de azeite numa frigideira pequena. Coloque a mistura e aperte bem.

2 – Deixe fritar bem de um lado, vire e coloque o queijo ralado. Deixe fritar mais um pouco e está pronto!

Doce de ovos moles chique

Para o doce de ovos moles:
12 gemas, 3 copos de açúcar, 1 copo de água fria

Para a merengada cremosa:
6 claras, 3 xícaras de açúcar

Frutas:
1 lata de pêssegos, 1 lata de figos, 1 lata de ameixas

1 – Comece pelo doce de ovos moles. Misture em uma panela, fora do fogo, os 3 copos de açúcar e o copo de

água. Depois leve a panela para o fogo. Não mexa mais. Deixe abrir a fervura, uns 5 minutos no fogo alto. Retire a panela do fogo e espere esfriar.

2 – Passe as gemas por uma peneira. Com a calda de açúcar fria, misture as gemas. Volte para o fogo alto por mais 5 minutos, agora mexendo sem parar até borbulhar. Retire do fogo, misture mais um pouco e deixe esfriar. Está pronto o doce de ovos moles. Vamos à merengada.

3 – Misture em uma panela as claras com as 3 xícaras de açúcar. Leve para o fogo, mexendo sempre. Um minuto, o tempo de você colocar um pouco na mão e sentir que está quente. Retire do fogo e coloque na batedeira. Bata por 5 minutos na velocidade máxima. A merengada vai ficar cremosa.

4 – Arrume a merengada em um refratário, cubra com o doce de ovos e enfeite com as frutas picadas.

ESCONDIDINHO

2 kg de aipim, 2 latas de carne bovina, 1 tomate, 1 cebola, 3 dentes de alho, 1 copo de suco de laranja, 1 copo de caldo de carne, 2 colheres de farinha de trigo, 3 colheres de extrato de tomate, 1 maçã, ½ copo de requeijão, 100g de queijo ralado, sal, óleo

1 – Comece pelo aipim, ou macaxeira, ou mandioca. Coloque o aipim em uma panela com água e leve ao fogo até cozinhar bem. Deixe o aipim quase se desmanchar.

2 – Depois espere esfriar um pouco e bata no liquidificador pedaços do aipim, um pouco da água do cozimento e o requeijão. Bata todo o aipim e arrume tudo em uma vasilha. Misture bem e acerte o sal.

3 – Agora vamos ao refogado. Corte a carne em pedaços pequenos. Esquente uma panela e acrescente um pouco de óleo. Em seguida entre com os dentes de alho picados. Misture rapidamente.

4 – Acrescente a carne picada. Misture novamente e espere dourar. Em seguida espalhe a farinha de trigo por cima de tudo e misture rapidamente.

5 – Só então adicione a cebola e o tomate picados, a massa de tomate e a maçã, também picada. Misture.

6 – Agora entram os líquidos, o caldo e o suco. Mexa bem, tampe a panela e deixe refogar até secar o molho.

7 – Unte um refratário grande. Coloque o refogado de carne e cubra tudo com o purê de aipim.

8 – Para finalizar, espalhe o queijo ralado por cima e leve ao forno preaquecido por 30 minutos, ou até dourar o queijo. Sirva em seguida com uma boa salada verde.

Estrogonofe clássico

2 kg de carne bovina (pode ser paleta com osso, dianteiro, patinho...), 1 colher de farinha de trigo, ½ xícara de cachaça, ½ xícara de ketchup, 1 colher de mostarda, 1 xícara de caldo de carne, 200g de champignon, 1 lata de creme de leite, 2 xícaras de arroz, 4 xícaras de água, 200g de batata palha, azeite, sal, pimenta

1 – Comece pela carne. Corte em pedaços pequenos. Leve-os para uma panela quente, no fogo alto, com um pouco de azeite.

2 – Deixe fritar para dourar a carne. Tempere com sal e um toque de pimenta. Entre com a farinha de trigo. Misture rapidamente. Com a farinha bem misturada à carne, adicione a cachaça. Agora é preciso baixar o fogo e deixar cozinhar lentamente.

3 – Enquanto isso, em outra panela, coloque um pouco de azeite e o arroz. Deixe fritar por uns minutinhos, sem queimar o arroz. Acrescente a água e tempere com sal. Quando abrir a fervura, baixe o fogo e tampe a panela. São 15 minutos, em média. Com o arroz bem sequinho, desligue o fogo e deixe a panela tampada por mais 10 minutos.

4 – Voltando à carne. Quando o molho tiver secado um pouco, coloque o caldo de carne. Mexa e acrescente o ketchup e a mostarda. Misture e deixe refogar. É preciso obter um molho de cor forte.

5 – Enquanto isso, vamos à batata palha. Em uma frigideira, coloque um pouco de azeite e a batata palha. Frite por uns 5 minutos para deixar a batata ainda mais crocante.

6 – Ao mesmo tempo finalize o estrogonofe. Aumente o fogo. Quando abrir a fervura, desligue. Acrescente o champignon cortado em metades e o creme de leite. Misture bem e sirva em seguida. Arroz, batata palha e estrogonofe. A combinação perfeita.

Farofa de frutas assadas no forno

1 ½ xícara de farinha de trigo, 3 colheres de maisena, 1 gema, 1 xícara de açúcar, 100g de margarina, 1 colher de canela em pó, 1 lata de figos em conserva, 1 lata de pêssegos em conserva, 1 vidro de cerejas, 2 bananas, 3 maçãs, 100g de nozes moídas, 6 colheres de açúcar

1 – Comece pelas frutas. Misture as compotas de figos e pêssegos, sem a calda, picados. Junte as bananas e as maçãs cortadas, as cerejas, também sem a calda, as nozes e as 6 colheres de açúcar. Reserve.

2 – Para a farofa, misture a farinha, a maisena, a gema, a xícara de açúcar, a margarina e a canela. Amasse bem até obter uma mistura homogênea.

3 – Num refratário coloque uma camada de frutas e cubra com a farofa. Leve ao forno por, em média, 40 minutos. Está pronto!

Feijoada branca

400g de bacon, 400g de lingüiça, 400g de paio, ½ kg de aipim cozido, 4 cenouras cozidas, 1 cebola, 4 dentes de alho, 1 copo de vinho branco, 1 copo de caldo de carne, 1 lata de feijão branco, azeite, sal

1 – Em uma panela coloque um pouco de azeite e entre com o bacon cortado em tiras grandes. Depois acrescente a lingüiça e o paio em pedaços. Pode ser tudo grande. Misture e espere refogar um pouco.

2 – Adicione a cebola e o alho picados e mexa bem. Acrescente também o vinho e o caldo de carne. Tampe a panela e deixe cozinhar até que as carnes fiquem macias. Se precisar coloque um pouco mais de caldo ou água para não deixar secar totalmente a panela.

3 – Com as carnes cozidas, junte o feijão branco, as cenouras e o aipim. A quantidade de cada um vai do seu gosto. Misture tudo, complete com mais água até cobrir todos os ingredientes e tampe a panela. Acerte o sal. O tempo de cozimento agora é de 30 minutos, mais ou menos. O feijão deve ficar macio. Aí está pronta a feijoada!

Feijoada rápida

1 lata de feijoada, 1 pé de couve, 1 dente de alho, 50g de bacon, 1 xícara de farinha de mandioca, 2 laranjas, azeite

1 – Enquanto esquenta a feijoada, vamos aos acompanhamentos. Couve refogada e farofa com bacon. Comece pela couve. Refogue o alho picado e a couve em tiras com um pouco de azeite. É bem rápido. O tempo de amolecer um pouco a couve.

2 – Para fazer a farofa coloque um pouco de azeite numa frigideira e em seguida o bacon cortado. Acrescente a farinha, aos poucos. Deixe cozinhar um pouco e está pronto!

3 – Para servir, a laranja cortada em rodelas como acompanhamento.

Feijão magro

1 molho de couve, 3 dentes de alho, 2 copos de caldo de carne, 300g de charque magro, 1 lata de feijão caseiro, 1 cebola, 1 pimentão, 2 tomates, 1 copo de caldo de carne, 2 laranjas, azeite

1 – Coloque o charque em um prato fundo com água e troque-a várias vezes até tirar o sal da carne.

2 – Bata no liquidificador o pimentão, a cebola, os tomates, o alho e o caldo de carne.

3 – Leve a mistura para uma panela e acrescente o feijão.

4 – Coloque também na panela o charque, já sem o sal e cortado em pedaços.

5 – Ligue o fogo e deixe abrir a fervura. Baixe o fogo e deixe cozinhar por, em média, 30 minutos, ou até o feijão pegar o gosto do molho.

6 – Retire os talos das folhas de couve e corte-as em tirinhas. Leve para uma frigideira com um pouco de azeite e refogue rapidamente.

7 – Arrume a couve refogada em um prato e cubra com o feijão. Sirva com pedaços de laranja.

Filé Rossini

4 medalhões de filé bovino, 1 lata de patê de fígado, 1 cebola, 2 maçãs, 1 tomate, 1 colher de farinha de trigo, 1 copo de caldo de carne, 1 copo de vinho tinto, ½ copo de molho de soja, fatias de pão de sanduíche, azeite, sal

1 – Refogue o patê com metade da cebola picada. Entram também as maçãs, em cubos grandes mas sem a casca. Deixe refogar em fogo baixo.

2 – No liquidificador bata o tomate, a cebola restante, a farinha de trigo, o caldo de carne (pode ser um tablete

dissolvido em um copo de água quente), o vinho e o molho de soja.

3 – Coloque a mistura na panela e misture. Acerte o sal e deixe cozinhar em fogo baixo.

4 – Separe 4 fatias de pão de sanduíche. Com a ajuda de um copo ou outro recipiente corte rodelas do pão, sem a casca. Arrume-as em uma fôrma, coloque um fio de azeite em cada e leve ao forno até dourar.

5 – Com o molho pronto, bem consistente, prepare os filés.

6 – Esquente uma frigideira. Coloque um pouco, bem pouco, de azeite. Prepare um medalhão por vez. São 3 minutos de cada lado para deixar a carne ao ponto. Se preferir, deixe mais ou menos tempo. Não esqueça do sal, se achar necessário.

7 – Para montar o prato, coloque uma torradinha de pão. Em cima o filé pronto e por cima de tudo o molho de fígados. Sirva em seguida. Fica uma delícia!

Frango à Marengo

700g de pedaços de frango, 50g de bacon, 2 dentes de alho, 4 tomates, 2 copos de vinho tinto, 1 vidro de champignon, azeite de oliva

1 – Começamos organizando os ingredientes. Pegue aquele franguinho que tiver em casa, mas, se for comprar, prefira coxas e sobrecoxas.

2 – Pique bem o bacon, os tomates e o alho.

3 – Coloque uma panela no fogo. Quando estiver bem quente acrescente 3 colheres de azeite de oliva. Em seguida coloque o bacon.

4 – Depois de uma boa fritada no bacon, chega o momento de entrarem os pedaços de frango. Deixe fritar até dourar bem o frango com o bacon.

5 – Junte o alho e os tomates.

6 – Coloque também o vinho, aos poucos, e deixe cozinhar por uma meia hora, até reduzir o molho.

7 – Antes de desligar o fogo, coloque o champignon, misture e sirva com um arroz branco feito na hora e uma boa salada!

Frango com molho de champanhe

4 filés de frango, 1 colher de manteiga, 1 vidro de champignon, 1 cebola, 2 dentes de alho, 2 colheres de farinha de trigo, 1 vidro de palmito em conserva, 2 copos de champanhe, sal

1 – Tempere os filés de frango. Derreta a manteiga em uma frigideira e arrume os filés. Retire-os depois de dourados e aproveite o molho da frigideira para fritar o champignon em fatias, a cebola e o alho picados.

2 – Desmanche a farinha de trigo na água do palmito e misture ao refogado para engrossar.

3 – Junte os palmitos picados e a champanhe. Por último coloque os filés de frango de volta no molho e acerte o sal. Quando abrir a fervura, deixe por uns minutos e sirva com arroz.

Frango beleza

2 peitos de frango, 1 lata de milho, 100g de bacon, 8 fatias de queijo, 4 colheres de maionese, sal, pimenta-do-reino, azeite

1 – As quantidades dependem do número de pessoas. Cacule 1 peito de frango por pessoa. Corte-os em metades, para deixá-los mais finos. Tempere com sal e pimenta-do-reino.

2 – Esquente uma panela ou frigideira e acrescente um pouco de azeite. Frite o bacon picado. Deixe bem crocante e desligue o fogo. Retire o excesso de óleo.

3 – Coloque o óleo restante do bacon em uma frigideira grande. Deixe aquecer bem e doure os pedaços de frango, primeiro de um lado e depois do outro. Deixe-os dourados mas não cozidos demais porque ainda vão ao forno.

4 – Arrume os peitos de frango em uma fôrma e em cima de cada metade passe uma colher de maionese.

5 – Em cima da maionese acrescente o bacon e um pouco de milho.

6 – Cubra tudo com as fatias de queijo. Duas em cada metade. Leve ao forno até derreter o queijo e sirva em seguida acompanhado de salada.

Frango com brócolis

800g de carne de galinha, 400g de queijo fatiado, 400g de peito de peru defumado, 1 molho de brócolis, ½ litro de leite, 1 colher de farinha de trigo, 50g de manteiga, 1 vidro de palmito, sal, pimenta

1 – Comece preparando um molho branco. Bata no liquidificador o leite, a farinha e a manteiga. Tempere com sal. Leve para uma panela e, mexendo sempre, espere engrossar. Desligue o fogo.

2 – Corte a carne de galinha em pedaços pequenos e tempere-os com sal e pimenta. Arrume-os em um refratário e leve ao forno por 30 minutos.

3 – Retire o excesso de líquido e, por cima da carne, coloque o queijo fatiado e o peito de peru picado.

4 – Entre com o brócolis cortado em pedaços e previamente lavado mais o palmito picado. Cubra tudo com molho branco.

5 – Leve o refratário de volta ao forno, preaquecido, por 15 minutos ou até derreter o queijo. Sirva com arroz branco ou integral.

Frango com Lingüiça

1 lata de lingüiça, 500g de frango (pode ser sobrecoxa), 1 copo de caldo de galinha, 1 copo de vinho branco, 2 cebolas, 2 tomates, 1 lata de seleta de legumes, 1 colher de farinha de trigo, 1 pimentão vermelho, 2 pacotes de batata palha, azeite

1 – Corte o frango em pedaços graúdos e a lingüiça em rodelas.

2 – Coloque 3 colheres de azeite em uma panela e acrescente a lingüiça e o frango. Misture e deixe cozinhar uns 10 minutos. Acrescente as cebolas e os tomates picados. Coloque o pimentão em pedaços graúdos e a seleta de legumes. Misture. Depois entra a farinha. Coloque-a por cima de tudo e mexa bem.

3 – Aí entram o caldo de galinha e o vinho. Misture novamente, tampe a panela e deixe cozinhar por mais 15 minutos. Quando o frango estiver bem cozido está pronto.

4 – Desligue o fogo e adicione a batata palha na panela, misture bem antes de servir. Para acompanhar um arroz branco.

Frango enrolado

1 ½ kg de carne de galinha, 1 pacote de sopa de cebola, 1 ovo, 50g de bacon picado, 150g de queijo fatiado, 2 lingüiças, 250g de maionese, filme plástico

1 – Comece cortando a carne de galinha em pedaços bem pequenos, quase um guisado. Se você tem um açougueiro de confiança, peça para ele passar uma vez pela máquina de fazer guisado.

2 – Junte a carne de galinha à sopa de cebola (pacote de sopa ou creme de cebola de 60g, em média), ao ovo e ao bacon picado. Misture tudo até formar uma massa uniforme.

3 – Abra um pedaço de filme plástico, esse filme usado em culinária que você encontra em qualquer mercado, em cima de uma tábua ou em cima da mesa. Espalhe a massa de frango, abra como se fosse uma massa mesmo. Use o filme como medida para modelá-la.

4 – Espalhe as fatias de queijo e, em uma das pontas, coloque as lingüiças. Com a ajuda do filme plástico, comece a enrolar o frango. Como se fosse um rolo, um rocambole. Depois de bem fechado, faça uma leve pressão com o filme para compactar bem.

5 – Unte uma fôrma ou refratário e coloque o frango enrolado dentro, mas atenção, sem o filme plástico. Ele só serve para ajudar a enrolar. Retire-o e jogue fora.

6 – Espalhe a maionese por toda a superfície e laterais do frango enrolado. Uma boa camada.

7 – Leve ao forno preaquecido por 1 hora ou até dourar a maionese e cozinhar o frango. Sirva em seguida com uma boa salada verde. Uma delícia.

Frango quatro latas

500g de frango, 1 lata de ervilha, 1 lata de milho, 1 lata de creme de leite, 1 lata de molho de tomate, 1 colher de farinha de trigo, sal, azeite de oliva

1 – Corte o frango, pode ser o peito do frango, em pedaços e tempere com sal, azeite de oliva e ainda um pouco de farinha de trigo. Misture bem.

2 – Refogue o frango numa frigideira com mais azeite. Acrescente as latas: primeiro a ervilha, depois o milho, o molho de tomate.

3 – Deixe refogar um pouco e coloque o creme de leite, misture bem. Desligue o fogo em seguida. Está pronto!

Frango na mostarda

800g de coxas de galinha, 1 xícara (cafezinho) de molho de soja, 1 litro de leite, 2 colheres de farinha de trigo, 100g de manteiga, 4 colheres de mostarda, fatias de queijo, fatias de presunto, queijo picado, sal, azeite

1 – Comece esquentando uma frigideira ou uma panela ampla. Coloque um pouco de azeite e frite bem as coxas. Doure-as por todos os lados. Tempere com sal.

2 – Acrescente o molho de soja. Agora é preciso baixar o fogo e ir virando as coxas. Se secar o molho, um pouco de água. O cozimento é lento.

3 – Enquanto isso bata no liquidificador o leite, a farinha, a manteiga e a mostarda.

4 – Leve a mistura para uma panela com antiaderente e, mexendo sempre, espere engrossar. O molho ficará grosso e homogêneo. Acerte o sal e desligue o fogo.

5 – Com as coxas completamente cozidas, remova-as para um refratário. Cubra com fatias de queijo e de presunto. Por cima entra o molho de mostarda. Para finalizar o queijo picado.

6 – Leve para o forno preaquecido por, em média, 15 minutos. O tempo de dourar o queijo. Sirva bem quente com arroz ou massa.

Fricassê do Anonymus

1 ½ kg de carne de galinha, 1 cebola, 3 cenouras, 2 tabletes de caldo de galinha, 100g de manteiga, 2 colheres de farinha de trigo, 1 vidro de palmito, 1 xícara de salsinha verde, 1 xícara de cebolinha verde, 100g de queijo ralado, sal

1 – Comece preparando um caldo. Numa panela coloque os pedaços de carne de galinha. Se você usar a galinha inteira, coloque os ossos também. O objetivo é cozinhar para dar sabor à carne e depois desfiá-la. Bom, então os

pedaços de carne de galinha na panela, acrescente também a cebola inteira sem casca, as cenouras bem lavadas e inteiras também e os tabletes de caldo. Cubra tudo com água e leve a panela para o fogo. Deixe ferver por 1 hora.

2 – Com a galinha cozida e as cenouras bem macias, desligue o fogo. Separe os pedaços de carne e desfie com a ajuda de um garfo.

3 – Coloque o caldo restante na panela, as cenouras e a cebola no liquidificador. Adicione a manteiga e a farinha de trigo. Bata bem. Para dar um toque especial pegue duas colheradas da carne desfiada e bata junto no liquidificador. Leve o creme para uma panela. Acrescente a água do palmito. Ligue o fogo e deixe abrir a fervura. Baixe o fogo e deixe cozinhar até o molho ficar cremoso.

4 – Chega a hora de entrar com a galinha desfiada, os palmitos bem picados, a salsinha, a cebolinha e o queijo ralado. Misture com cuidado. Se ficar muito grosso, acrescente mais um pouquinho de água. Misture. Tampe a panela e deixe esquentar tudo por 10 minutos ou até que fique bem quente.

5 – Para acompanhar arroz branco, batata palha e salada. Mas, se quiser, pode fazer um arroz diferente. Refogue em uma panela com azeite 200g de lingüiça picada até dourar levemente. Acrescente 2 xícaras de arroz. Adicione 1 xícara de vinho branco e 3 xícaras de água. Tempere com sal. Quando abrir a fervura, tampe a panela e baixe o fogo. Deixe cozinhar por 15 minutos ou até o arroz ficar macio. Desligue e espere 10 minutos com a panela fechada antes de servir.

Fritada de galinha

700g de carne de frango, 400g de lingüiça, 2 colheres de farinha de trigo, 1 copo de caldo de galinha, 1 lata de milho em conserva, 1 lata de ervilha em conserva, 400g de molho de tomate, 6 ovos, 300g de queijo picado, 200g de champignon, azeite

1 – Corte a lingüiça em pedaços e leve-os para fritar em uma panela ampla, bem quente e com um pouco de azeite. Deixe dourar as lingüiças por todos os lados.

2 – Acrescente a carne de galinha também cortada em pedaços. Misture e deixe dourar.

3 – Só então entra a farinha de trigo. Misture rapidamente e acrescente o caldo de galinha, que pode ser preparado dissolvendo-se um tablete de caldo de galinha em um copo de água quente.

4 – Misture bem e deixe refogar por uns minutos.

5 – Agora é a vez do milho e da ervilha, sem as águas. Mexa e acrescente o molho de tomate. Você pode preparar um molho de tomate ou usar um pronto.

6 – Mexa com cuidado e espere refogar uns 5 minutos, até o molho estar bem vermelho.

7 – Bata os ovos rapidamente.

8 – Acrescente à panela os champignons picados e o queijo. Misture e entre com os ovos batidos. Agora é preciso mexer bem, com cuidado. Deixe uniforme e tampe a panela. São, em média, 20 minutos de fogo baixo. Cuide o ponto. Se preferir mais molhadinha a fritada está pronta. Se quiser, deixe mais alguns minutos até secar bem o molho. Sirva com uma salada e está feita a festa.

Fritada de Presunto

700g de carne de frango, 400g de presunto, 2 colheres de farinha de trigo, 1 copo de caldo de galinha, 300g de milho, 300g de ervilha, 400g de molho de tomate, 8 ovos, 300g de queijo picado, 200g de champignon em conserva, azeite

1 – Corte o presunto e a carne de frango em pedaços bem pequenos. Coloque uma panela para esquentar com 3 colheres de azeite. Em seguida entre com os pedaços de frango. Deixe refogar por alguns minutos.

2 – Acrescente o presunto picado. Misture e deixe dourar levemente.

3 – Só então entra a farinha de trigo. Misture rapidamente até a farinha desaparecer. Acrescente o caldo de galinha, que pode ser preparado dissolvendo-se um tablete em um copo de água quente.

4 – Misture bem e deixe refogar por uns minutos.

5 – Agora é a vez do milho e da ervilha, sem as águas, se você usar em lata. Mexa e acrescente o molho de tomate. Você pode preparar um molho de tomate ou usar um pronto.

6 – Mexa com cuidado e espere refogar uns 5 minutos ou até o molho estar bem vermelho.

7 – Bata os ovos rapidamente.

8 – Acrescente à panela os champignons picados e metade do queijo, que deve ser picado ou ralado grosso. Misture e entre com os ovos batidos. Agora é preciso mexer bem, com cuidado.

9 – Deixe uniforme, coloque o restante do queijo por cima e tampe a panela. São, em média, 20 minutos de

fogo baixo. Cuide o ponto. Se preferir mais molhadinha, a fritada está pronta. Se quiser, deixe mais alguns minutos com a panela aberta até secar bem o molho.

Galinha abafada

1 kg de carne de galinha (coxas, asinhas da coxa, sobrecoxas...), 2 copos de caldo de galinha (você pode preparar o caldo com os ossos da galinha, fervendo-os com água, sal, orégano e outras ervas, ou então dissolver um tablete de caldo de galinha para cada copo), 3 batatas cozidas, 3 ovos cozidos, 1 cebola, 1 lata de milho, 1 lata de ervilha, 350g de massa folhada pronta (redonda ou em rolo), 1 gema, 100g de presunto, 1 xícara de salsinha picada, sal, pimenta moída, óleo

1 – Tempere os pedaços de galinha (o ideal é cortar a sobrecoxa em pedaços, mas pode deixar as coxas inteiras) com sal e pimenta moída. Leve-os para uma frigideira com óleo e deixe fritar até que fiquem bem dourados.

2 – Forre o fundo de um refratário fundo com fatias de presunto (você pode cortar em metades para facilitar na hora de servir). Coloque por cima metade da carne de galinha, um pouco de batata (cozida, sem casca e cortada em pedaços), um pouco dos ovos (também cozidos e cortados), um pouco da cebola em pedaços, um pouco do milho e da ervilha. Repita as camadas até acabarem os ingredientes.

3 – Por cima entra o caldo de galinha e a salsinha picada.

4 – Agora chega a hora de abafar a galinha. Coloque a massa folhada em cima do refratário, como uma tampa. Feche bem as laterais e depois, com a ponta dos dedos, faça pequenos buracos para decorar. Passe a gema de ovo por toda a surperfície e leve ao forno preaquecido por, em média, 30 minutos, ou até dourar a massa. Sirva em seguida com arroz e salada.

Galinha dourada

700g de carne de galinha (sobrecoxa ou peito), 1 cebola, 1 copo de caldo de galinha, 2 latas de milho em conserva, 1 copo de leite, 1 copo de requeijão, 2 colheres de farinha de trigo, fatias de queijo, azeite, sal

1 – Numa panela com um pouco de azeite coloque a carne de galinha cortada em iscas.

2 – Deixe dourar um pouco e adicione a cebola picada. Misture e espere alguns minutos.

3 – Acrescente o caldo de galinha, mexa e baixe o fogo.

4 – Enquanto isso bata no liquidificador o milho com a água da lata, o leite, o requeijão e a farinha de trigo. Leve essa mistura para a panela e misture tudo muito bem. Deixe abrir a fervura e cozinhe por uns 10 minutos.

5 – Quando o molho estiver bem amarelo acerte o sal e cubra tudo com fatias de queijo. Tampe a panela e espere

o queijo derreter. Sirva em seguida com uma salada verde e arroz branco.

GALINHA DE INVERNO

700g de sobrecoxas, 1 pedaço de lingüiça, 100g de bacon, 1 pimenta vermelha, suco de 1 limão, 1 pimentão, 1 cebola, 3 dentes de alho, 1 lata de milho, 4 tabletes de caldo de galinha, 4 xícaras de água, ½ xícara (cafezinho) de molho de soja, 2 xícaras de arroz

1 – Esquente uma panela ampla e acrescente o bacon.

2 – Em seguida coloque a lingüiça picada. Misture e deixe refogar.

3 – Entre com as sobrecoxas. Doure-as bem.

4 – Agora é hora da pimenta e do pimentão picados. Também entram na panela a cebola picada e os dentes de alho sem casca mas inteiros. Misture tudo e espere a cebola ficar macia.

5 – Adicione o suco de limão e o molho de soja. Misture, baixe o fogo.

6 – Em outra panela esquente a água com os tabletes de caldo. Quando abrir a fervura, mexa para dissolvê-los.

7 – Na panela com as carnes, coloque o milho e o arroz. Misture bem.

8 – Adicione a água com os tabletes dissolvidos. Mexa, tampe a panela. São 15 minutos.

9 – Com o arroz cozido, desligue o fogo. Deixe a panela mais 5 minutos tampada antes de servir. Sirva com ovo cozido picado, queijo ralado e salsinha.

Lasanha bolonhesa fácil

2 latas de molho à bolonhesa, 1 litro de leite, 1 cebola, 2 colheres de manteiga, 4 colheres de farinha de trigo, pão árabe ou de leite, queijo ralado, sal

1 – Bata o leite, a cebola, a manteiga e a farinha de trigo no liquidificador. Tempere com sal. Leve ao fogo numa panela, mexendo sempre até engrossar. Reserve o molho branco.
2 – Para montar a lasanha coloque num refratário uma camada do molho à bolonhesa, uma camada de pão, outra de molho branco, outra de bolonhesa, outra camada de pão, outra de molho branco, outra de bolonhesa, outra de molho branco e, por cima de tudo, queijo ralado. Leve ao forno para gratinar por, em média, 20 minutos. Antes de servir, espere esfriar por 5 minutos.

Lasanha de lingüiça

500g de massa para lasanha (aquelas que podem ir direto ao forno), 500g de queijo fatiado, 500g de carne de galinha, 2 latas de lingüiça, 2 copos de caldo de galinha, 2 cebolas, 2 tomates, 3 colheres de massa de tomate, 1 litro de leite, 50g de manteiga, 3 colheres de farinha de trigo, azeite, sal

1 – Comece preparando um refogado de carne de galinha e lingüiça. Numa panela grande com um pouco de azeite coloque a lingüiça cortada em pedaços pequenos. Deixe refogar por 5 minutos e acrescente a carne de galinha cortada em pedaços também. Misture e deixe refogar por mais 5 minutos.

2 – Acrescente à panela uma das cebolas e os tomates picados. Misture bem e adicione a massa de tomate e o caldo de galinha (dissolva 2 tabletes de caldo em 2 copos de água quente). Misture e mais 10 minutos de fogo. Desligue e tampe a panela.

3 – Vamos ao molho branco. Bata no liquidificador a cebola restante, o leite, a manteiga e a farinha de trigo. Se quiser, dê um toque de noz-moscada. Uma pitada basta. Leve a mistura para o fogo em uma panela e mexendo sempre espere engrossar. Não esqueça de acertar o sal. Desligue o fogo.

4 – Chega a hora de montar a lasanha. Em um refratário grande coloque uma camada do molho de carne. Em cima, folhas da massa de lasanha. Entram por cima fatias de queijo. Mais uma camada de massa. Por cima uma camada de molho branco. Aí você faz quantas camadas desejar e na ordem que preferir. O importante é sempre deixar a massa entre camadas de molho porque a massa

de lasanha vai cozinhar, no forno, nos molhos branco e vermelho. E não esqueça de guardar umas fatias de queijo para finalizar. Por cima de tudo, a última camada deve ser de molho branco.

5 – Leve o refratário ao forno preaquecido por 40 minutos. Importante: nos primeiros 30 minutos cubra o refratário com papel-alumínio. No restante, 10 minutos, retire o papel para dourar a parte de cima da lasanha.

6 – Retire a lasanha do forno e espere 5 minutos antes de servir. Bom apetite!

Lasanha de pão

18 fatias de pão (pode ser de fôrma ou dormido), 1 lata de fiambre de carne bovina, 200g de queijo picado (pode ser o tipo lanche), 1 litro de leite, 2 colheres de farinha de trigo, 100g de manteiga, 1 tablete de caldo de carne, 4 ovos, 1 copo de leite, 100g de queijo ralado grosso ou picado, sal, pimenta

1 – Bata no liquidificador o leite, a farinha, a manteiga e 200g de queijo picado. Leve a mistura para uma panela e, em fogo baixo, mexa até engrossar. Quando estiver um molho branco homogêneo, acrescente o tablete de caldo de carne. Misture até que ele seja absorvido pelo molho.

2 – Em um refratário grande coloque um pouco do molho branco no fundo. Em cima arrume 6 fatias de pão. Depois faça uma camada com metade do fiambre cortado. Mais molho branco. Por cima entram outras 6 fatias de pão.

Repita a camada de fiambre e a de molho branco. Cubra com as 6 fatias de pão restantes e com o que sobrou de molho branco.

3 – Para finalizar, bata os ovos com o copo de leite. Tempere com sal e pimenta e derrame a mistura por cima da lasanha. Acrescente o queijo picado ou ralado.

4 – Leve ao forno preaquecido por 40 minutos, mais ou menos, até dourar bem a parte de cima. Sirva em seguida! Você pode fazer variações acrescentando um refogado de frango ou de carne. Uma boa receita para servir com uma salada de folhas verdes!

Lasanha super-rápida

1 lata de sardinha, 1 lata de atum, 1 lata de molho de tomate, 1 copo de requeijão, 1 copo de leite, 100g de queijo ralado, 200g de massa para lasanha

1 – Dilua o copo de requeijão com o leite previamente. Vai facilitar o seu trabalho. Use a massa de lasanha do tipo que não precisa cozinhar antes.

2 – Numa vasilha apropriada, prepare o molho, misturando o conteúdo da lata de sardinha, da lata de atum e da lata de molho de tomate com o requeijão diluído no leite. Você obterá um molho cremoso que não precisa ir ao fogo.

3 – Para montar a lasanha: em um refratário untado, alterne camadas de massa de lasanha com camadas de molho.

4 – Por cima, depois de uma última camada de molho, polvilhe o queijo ralado.

5 – Leve ao forno por meia hora aproximadamente.

LOMBINHO COM ABACAXI E PRESUNTO

1 lombinho de porco, 100g de presunto fatiado, 1 lata de abacaxi, 1 garrafa de cerveja, 1 limão, sal, pimenta

1 – Tempere o lombo com sal, pimenta e caldo de limão. Corte-o em fendas, sem separar fatias.

2 – Em cada fenda, ponha uma fatia de presunto e uma de abacaxi. Coloque numa fôrma e despeje a garrafa de cerveja. Cubra com papel de alumínio e leve ao forno médio por 1 hora.

Lombo com ameixas

200g de ameixas pretas em calda, 2 dentes de alho, 1 limão, 1kg de lombo de porco, 1 cebola média, 1 tomate, 250ml de caldo de carne, 3 colheres de extrato de tomate, 1 toque de conhaque, sal, pimenta, manteiga, azeite de oliva

1 – Primeiro tempere o lombo numa assadeira com o suco de limão, um dente de alho picado, sal e pimenta. Em seguida, coloque um pouco da calda das ameixas para que o lombo fique bem dourado. Reserve o lombo e vá para a frigideira para fazer o molho.

2 – Coloque primeiro a manteiga e depois um pouco de azeite de oliva. Frite a cebola picada, com o tomate picado e um dente de alho, também picado.

3 – Acrescente o caldo de carne, o extrato de tomate e, por último, as ameixas com a calda. Deixe secar. Reserve.

4 – Leve a assadeira com o lombo para o fogão. Coloque um pouco de manteiga e azeite de oliva para dourá-lo. Reserve novamente.

5 – Volte para a frigideira. Coloque um pouco de conhaque e flambe o molho. E aí está pronto. É só colocar por cima do lombo na assadeira e levar ao forno por, em média, 40 minutos. Vá controlando o molho para não secar e, se necessário, acrescente um pouco de água.

Macarrão com molho de lingüiça

500g de macarrão, 2 latas de lingüiça, 1 cebola, 2 tomates, 1 copo de requeijão, 2 copos de vinho tinto, 2 copos de caldo de carne

1 – Numa frigideira ou panela ampla coloque 3 colheres de azeite de oliva. Em seguida coloque a lingüiça cortada em rodelas. Mexa e deixe refogar um pouco.

2 – Acrescente a cebola e os tomates picados. Misture e deixe refogar mais um pouco.

3 – Coloque o vinho e o caldo de carne. Misture bem e aí sim deixe ferver e cozinhar o molho por uns 15 minutos.

4 – Depois leve o macarrão para cozinhar no próprio molho. Se for preciso acrescente um pouco de água. Quando a massa estiver al dente, acrescente o requeijão. Misture. Se quiser também coloque um pouco de queijo ralado antes de servir!

Macarrão Punta del Este

1 litro de leite, 1 tablete de caldo (de camarão, peixe, galinha), 2 colheres de farinha de trigo, 100g de manteiga, 100g de queijo ralado, 500g de massa, 1 kg de camarão pré-cozido, 300g de ervilhas, sal, pimenta

1 – Comece pelo molho branco. Bata no liquidificador o leite com o caldo em tablete, a farinha, a manteiga e o queijo ralado.

2 – Leve a mistura para uma panela e, mexendo sempre, deixe engrossar. Fogo baixo.

3 – Com o molho branco pronto, prepare a massa. Coloque bastante água para ferver. Quando abrir a fervura entre com uma colher de sal (pode ser sal grosso) e acrescente a massa (pode ser rigatone, fusile, penne...).

4 – Enquanto a massa cozinha, esquente o molho branco. Com ele bem quente, coloque o camarão (pode estar congelado, mas tem que ser o pré-cozido) e as ervilhas. Misture. Tempere com sal e um toque de pimenta. São alguns minutos.

5 – Escorra a massa depois de cozida e coloque-a no molho branco com os camarões e as ervilhas. Sirva bem quente com um fio de azeite de oliva e parmesão ralado na hora.

Maionese de pêssegos

3 colheres de maionese, 1 pote de iogurte natural, 1 vidro de champignon, 1 lata de pêssegos em calda, 2 cenouras, tomates-cerejas, 4 batatas cozidas

1 – Corte os pêssegos e as batatas cozidas mais ou menos do mesmo tamanho.

2 – Misture o champignon, as cenouras raladas, os tomatinhos.

3 – Junte a maionese e o iogurte. Misture tudo e leve para a geladeira.

Massa parisiense

500g de massa (pode ser do tipo penne), 500g de frango (peito ou sobrecoxa), 1 colher de manteiga, 100g de bacon, 1 cebola, 1 lata de ervilha, ½ litro de leite, 2 colheres de farinha de trigo, 1 copo de caldo de galinha, azeite de oliva, sal

1 – Comece organizando os ingredientes. Corte a carne de frango em cubos.

2 – Pique o bacon e a cebola.

3 – Para fazer o caldo de galinha, dissolva um tablete em um copo de água quente. Ou prepare em casa com pedaços de galinha em uma panela com sal e bastante água. Deixe ferver bastante.

4 – Esquente uma panela e coloque 3 colheres de azeite de oliva. Em seguida coloque a carne. Refogue-a bem.

5 – Coloque o bacon picado em pedaços e a cebola bem picada. Misture e deixe refogar uns 2 minutos.

6 – Acrescente o caldo de galinha. Misture e deixe cozinhar em fogo baixo. Mais uns 10 minutos ou até a carne ficar bem cozida.

7 – Enquanto isso coloque a massa para cozinhar em bastante água fervendo com um punhado de sal.

8 – Depois bata no liquidificador a manteiga, o leite e a farinha de trigo. Coloque a mistura no refogado e mexa delicadamente. Acrescente também a ervilha. Deixe engrossar o molho até abrir a fervura. Desligue o fogo.

9 – Sirva a massa acompanhada do molho.

Musse de goiabada

1 lata de goiabada, 1 lata de creme de leite

1 – Corte a goiabada em pedaços. Arrume-os dentro de uma panela e essa panela dentro de outra, maior, com água. É o famoso banho-maria. A idéia é derreter levemente a goiabada.

2 – Bata no liquidificador a goiabada levemente derretida e o creme de leite, com o soro!

3 – Arrume a mistura em um refratário e leve para a geladeira por, no mínimo, 3 horas. O ideal é preparar de um dia para o outro.

Musse de pepino

1 vidro de pepinos em conserva ralados, 1 xícara de nata fresca, 1 xícara de gelatina de limão em pó previamente dissolvida em água fervente, 1 colher de cebola picada, 1 limão, 1 colher de vinagre, sal

1 – Misture bem os pepinos ralados, a gelatina, a cebola picada e a nata, até ficar uma massa homogênea. Tempere com sal, gotas de limão e 1 colher de vinagre.

2 – Coloque tudo em uma fôrma molhada e leve para a geladeira por 4 horas.

Omelete de forno com salada ao molho vinagrete

Folhas verdes, azeite de oliva, vinagre (branco e vermelho), ½ molho de salsinha verde, 2 cebolas, ½ pimentão vermelho, 8 ovos, 400g de lingüiça, 2 tomates, 1 lata de ervilha, 1 lata de milho, 400g de queijo, 2 colheres de farinha de trigo, sal, pimenta

1 – Comece pelo molho vinagrete. Pique bem a salsinha, uma das cebolas e o pimentão vermelho. Misture tudo. Em outra vasilha coloque um pouco de azeite, de vinagre (dos dois tipos) e tempere com sal e pimenta. Mexa bem com um garfo. Junte o líquido com os sólidos. Misture. Agora é a hora de acertar o ponto. Mais líquido, menos líquido. prove para sentir o sabor. Mais vinagre ou mais azeite. Deixe o molho de lado para que todos os ingredientes se misturem bem.

2 – Agora vamos para a frigideira. Corte a lingüiça em pedaços pequenos e pique a outra cebola. Coloque tudo na frigideira com um pouco de azeite. Misture e deixe refogar até cozinhar a lingüiça. Desligue o fogo. Arrume o refogado em um refratário ou fôrma previamente untada.

3 – Acrescente os tomates bem picados, a lata de ervilha, a lata de milho e o queijo picado também. Misture.

4 – Bata os ovos e depois adicione a farinha. Misture bem até que a farinha desapareça. Coloque por cima dos ingredientes no refratário e mexa com cuidado. É preciso deixar bem uniforme a mistura.

5 – Leve ao forno preaquecido por, em média, 40 minutos. Faça o teste do palitinho para ter certeza que a omelete

está pronta. Coloque um palito no centro da omelete. Se ele sair limpo, pode desligar o forno.

6 – Sirva em seguida acompanhada pela salada verde e o molho vinagrete. Também pode ser servida fria. Fica uma delícia.

Paeja rio-grandense

150g de lingüicinha fina, 150g de lingüiça calabresa, 200g de carne de gado, 150g de carne de porco, 150g de coração, 200g de carne de ovelha, 50g de bacon, 50g de banha de porco, 150g de coração de galinha, ½ pimentão vermelho, ½ pimentão verde, ½ pimentão vermelho, 1 lata de milho, ½ copo de vinho, 3 folhas de couve, 2 colheres de colorau, ½ limão, 1 cebola média, 1 caneca de arroz, 3 canecas de água

1 – Primeiro coloque a banha numa panela ampla ou num disco de arado. Depois vá colocando as carnes picadas nesta ordem: o bacon, a carne de porco, a lingüicinha, a lingüiça calabresa, a carne de ovelha, o coração e a carne bovina. Depois coloque o pimentão, das três cores, o milho, a couve e a cebola. Acrescente o arroz e a água. Depois coloque o colorau, o vinho e o limão. Deixe secar e sirva!

PÃO DE MORTADELA

2 xícaras de farinha de trigo, 1 xícara de queijo ralado, 1 lata de mortadela, 1 xícara de azeitonas pretas, ½ xícara de azeitonas verdes, 1 envelope de fermento químico (para bolo), ¾ de xícara de manteiga (derretida em uma panela ou no microondas), 8 ovos, sal, pimenta

1 – Misture a farinha com o queijo, a mortadela picada e as azeitonas também picadas.

2 – Bata levemente os ovos, até misturá-los bem.

3 – Acrescente os ovos à mistura com a farinha e mexa bem.

4 – Entre com a manteiga derretida e o fermento. Misture.

5 – Tempere com uma pitada de sal e outra de pimenta.

6 – Arrume a massa em uma fôrma retangular média, untada com manteiga e enfarinhada com um pouco mais de farinha de trigo.

7 – Leve ao forno médio, preaquecido por, em média, 40 minutos.

8 – Espere esfriar um pouco para desenformar. Sirva quente ou frio.

Pastelão de batata

50g de manteiga, 1 cebola grande, 1 cenoura grande, 1 kg de carne moída, 2 kg de batata, 2 colheres de farinha de trigo, ½ litro de caldo de carne, 1 ramo de salsinha verde, 3 colheres de massa de tomate, ½ xícara de leite, 1 colher de mostarda, sal, azeite

1 – Comece pela batata. Descasque-as depois de bem lavadas e coloque-as em uma panela com água. Acrescente, a gosto, uma colher de sal e leve para o fogo. Deixe ferver até que fiquem macias. Faça o teste com um garfo.

2 – Para fazer o recheio do pastelão, pique bem a cenoura e a cebola. Leve-as para uma frigideira e refogue-as, pode ser com um pouco de azeite, até que fiquem macias. Acrescente a carne moída e misture. Agora espere a carne cozinhar. Alguns minutos e ela já perde o tom avermelhado. Se preciso, comece a acrescentar o caldo de carne, aos poucos, para não deixar nada queimar.

3 – Entre com a farinha de trigo, colocando aos poucos e misturando rapidamente. Quando a farinha for absorvida pelo molho, adicione a massa de tomate e o restante do caldo de carne (você pode prepará-lo ou dissolver 2 tabletes de caldo de carne em meio litro de água quente). Misture, baixe o fogo e deixe cozinhar por 15 minutos ou até o molho ficar homogêneo e a carne bem cozida. Tempere a gosto.

4 – Volte às batatas. Arrume-as, ainda quentes, em uma vasilha. Esmague-as um pouco com a ajuda de um garfo. Acrescente a manteiga e a mostarda. Misture. Aos poucos entra o leite. É preciso misturar bem para formar uma massa de batatas. Uma dica legal é acrescentar à massa

50g de queijo ralado. Mas é opcional. Se não colocar o queijo, tempere com sal.

5 – Com o refogado pronto, desligue o fogo e finalize com a salsinha picadinha. Misture. Arrume o refogado no fundo de um refratário ou recipiente que possa ir ao forno. Por cima acrescente a massa de batatas. Com um garfo faça desenhos na parte superior. Leve ao forno preaquecido por, em média, 30 minutos ou até dourar o pastelão de batata. Sirva em seguida!

Pastelão de frutas

2 discos de massa para pastelão (de preferência, folhada), 70g de nozes moídas, 1 xícara de açúcar, 1 colher de canela em pó, ½ xícara de frutas cristalizadas, 1 lata de pêssegos em calda, 1 lata de abacaxi em calda, 1 lata de figos em calda, 1 ovo

1 – Unte e enfarinhe um refratário redondo. Forre-o com um dos discos de massa, de maneira a formar uma cavidade de massa.

2 – Corte as frutas em pedaços. Misture o açúcar com a canela.

3 – Misture as frutas, sem a calda, com as nozes e cubra tudo com o açúcar misturado com a canela.

4 – Mexa bem e ajeite tudo na cavidade formada pela massa no refratário. Agregue também as frutas cristalizadas.

Cubra com o outro disco de massa e feche todos os lados. Pincele com o ovo e leve ao forno por 40 minutos.

Rolinho de queijos com patês

1 lata de patê de presunto, 1 lata de patê de frango, 8 colheres de queijo ralado, 8 colheres de farinha de trigo, 8 colheres de manteiga, 1 colher (chá) de sal, 1 ovo, 2 colheres de leite

1 – Misture todos os ingredientes, menos os patês, até formar uma massa homogênea, lisa, que desgrude das mãos. Se preciso coloque um pouco mais de farinha ou de leite, para ajudar a dar o ponto.

2 – Coloque um pouco de farinha e abra a massa com a ajuda de um rolo.

3 – Corte pedaços e enrole a massa no formato de rolinhos finos.

4 – Arrume-os em uma fôrma untada e enfarinhada e leve ao forno médio, preaquecido, por 20 minutos. Sirva quente ou frio acompanhado pelos patês.

Pasta de bacon

200g de bacon fatiado, 4 colheres de maionese, 2 colheres de cebola picada, 2 colherinhas de mostarda

1 – Pique o bacon, frite e desengordure-o.
2 – Acrescente a maionese, a cebola, a mostarda e misture bem.

Peixe quatro latas

½ kg de peixe, 1 lata de ervilha, 1 lata de milho, 1 lata de molho de tomate, 1 lata de creme de leite, 1 copo de vinho branco, 1 tablete de caldo de peixe, 1 colher de farinha de trigo, sal, limão, pimenta

1 – Você pode usar o peixe congelado mesmo. Ou fresco. Tempere-o com sal, limão e pimenta.
2 – Arrume os filés de peixe, ou postas, ou peixe em cortado em pedaços em uma panela.
3 – Acrescente a ervilha, o milho, o molho de tomate, o vinho, o caldo em tablete e a farinha, com cuidado, mexendo rapidamente. Deixe abrir a fervura.
4 – Baixe o fogo e cozinhe por uns 10 minutos, até o peixe estar pronto. Desligue o fogo. Retire os pedaços de peixe e arrume-os em um prato. No molho adicione o creme

de leite com o soro. Mexa. Derrame o molho em cima do peixe e sirva em seguida!

Pescaria de salmão

1 salmão inteiro (peça para o açougueiro retirar os filés e leve junto a carcaça do peixe), 2 batatas picadas, 2 batatas em lascas, 1 cebola picada, 1 cebola em rodelas, 1 tomate picado, 1 cenoura picada, 1 tablete de caldo de galinha, 2 colheres de farinha de trigo, 1 lata de milho, 1 lata de ervilha, 200g de queijo em pedaços, 10 ovos, 1 xícara de cebolinha verde picada, 1 colher de salsinha picada, 1 xícara de farinha de mandioca, sal, pimenta

1 – Vai ser um cardápio completo, um festival de salmão. Filé assado no forno, fritada de salmão e pirão de salmão. Comece pelo peixe. Um, dos dois filés, corte em pedaços, quadradinhos médios, para a fritada. O outro, deixe inteiro, para ir ao forno. A carcaça, leve para uma panela e cubra com água. Ligue o fogo e deixe ferver. Ela vai dar um saboroso caldo.

2 – A carcaça vai soltar gosto na água. Vamos criar ali um caldo de peixe. Quando abrir a fervura, acrescente uma colher de sal e o tablete de caldo de galinha. Se você tiver um caldo de peixe em tablete, melhor. Coloque também na panela duas batatas descascadas e cortadas em pedaços pequenos e a cenoura bem lavada, também em quadradinhos. Deixe cozinhar até amolecê-las levemente.

3 – Enquanto isso, prepare o filé inteiro para ir ao forno. Tempere-o com sal e um pouco de pimenta. Em uma fôrma ou refratário espalhe pelo fundo as rodelas de cebola. Misture-as às lascas de batata. A idéia é fazer um fundo, uma caminha para o salmão. Arrume-o em cima da cebola e das batatas. Leve ao forno preaquecido por 40 minutos, em média. Ele vai ficar dourado por fora e macio por dentro.

4 – Bom, mas esse também é o tempo da fritada e do pirão ficarem prontos. Começamos pela fritada. Em uma frigideira ou panela que possa ir ao forno, com um pouco de azeite, arrume a cebola e o tomate picados. Leve ao fogo. Junte as batatas e a cenoura que cozinharam no caldo. Junto, pode colocar um pouco do caldo. Um copo, mais ou menos. Deixe refogar por uns minutos. Enquanto isso, misture a farinha de trigo ao salmão cortado em pedaços. Tempere com sal. Coloque o salmão na frigideira. Misture, espalhando os pedaços e junte o milho e a ervilha. Deixe lá. É preciso agora bater os ovos com um toque de sal e pimenta. Distribua os ovos batidos na frigideira. Tenha o cuidado de espalhar bem. Finalize com o queijo picado por cima e a cebolinha verde. Aproveite que o forno está ligado e leve a fritada para o forno. São 30 minutos.

5 – E o pirão. Bom, retire a carcaça do peixe e leve o caldo restante para o fogo. Aos poucos, acrescente a farinha de mandioca. Você não precisa usar toda a xícara. O ideal é ter um pirão mole. Um toque de salsinha picada para dar uma cor e está pronto. Sirva tudo junto, fritada, salmão no forno e pirão, com arroz e salada, ou faça por partes. A fritada de entrada e o salmão, acompanhado do pirão, como prato principal. Um show!

Picadinho dos deuses

1 kg de sobras de carne magra em cubos, 250g de nata, 1 lata de milho, 1 vidrinho de champignon em conserva, 200g de passas, 1 cebola bem picada, 2 dentes de alho esmagados, ½ tablete de manteiga, 2 colheres de purê de tomate, óleo

1 – Doure bem a carne numa panela quente onde foi derretida a manteiga e despejado o óleo. Acrescente a cebola, o alho e as duas colheres de purê de tomate, refogando bem.

2 – Agregue o milho com a água. Deixe ferver; coloque as passas, deixe cozinhar por uns 15 minutos, acrescentando a nata e o champignon com a respectiva água. Mexa bem e desligue quando reabrir a fervura. Sirva acompanhado de arroz e salada.

Pizza cachorro-quente

1 lata de salsichas, 1 lata de molho de tomate, 3 colheres de extrato de tomate, ½ lata de milho, ½ lata de ervilha, 2 discos de massa pronta para pizza, 300g de queijo ralado grosso, 1 cebola, 50g de bacon picado, tomates em rodelas, 100g de batata palha

1 – Arrume os discos de massa em fôrmas para pizza e leve ao forno até dourar levemente.

2 – Numa frigideira refogue o bacon picado com a cebola cortada em rodelas, as salsichas cortadas também em rodelas, o milho, a ervilha, o extrato de tomate e a batata palha. Uns 10 minutos, o tempo suficiente para dourar a salsicha.

3 – Para montar a pizza, espalhe o molho de tomate em cima de cada disco de massa. Por cima coloque um pouco de queijo e rodelas de tomate. Depois entra o refogado de salsichas. Para finalizar, mais queijo.

4 – Leve ao forno preaquecido por 30 minutos ou até derreter bem o queijo.

Pizzas caseiras

½ lata de pêssegos em calda, ½ lata de figos em calda, ½ lata de abacaxi em calda, 1 vidro de cerejas em calda, 1 lata de molho de tomate, 500g de farinha de trigo, 1 sachê de fermento biológico instantâneo seco, 300ml de água, 1 colher (chá) de açúcar, 1 colher (chá) de sal, rodelas de tomate, folhas de manjericão, fatias de queijo

1 – Comece pela massa. Misture todos os ingredientes secos.

2 – Junte a água aos poucos. Sove até que a massa fique lisa e macia.

3 – Divida a massa em 2 partes iguais e deixe crescer por 30 minutos.

4 – Polvilhe um pouco da farinha sobre a mesa e estique as duas massas com um rolo.

5 – Arrume-as em fôrmas para pizza, previamente untadas.

6 – Cubra uma das pizzas com pêssegos, figos, cerejas e abacaxi em calda picados. Por cima, fatias de queijo.

7 – A outra, cubra com o molho. Por cima fatias de queijo, rodelas de tomate e manjericão.

8 – Leve ao forno por 35 minutos, mais ou menos. Até derreter bem o queijo e cozinhar a massa. Sirva em seguida.

Pizza de atum

½ kg de farinha de trigo, 1 pitada de sal, 2 envelopes de fermento biológico seco instantâneo, ½ litro de água morna, fatias de queijo, rodelas de tomate, 2 latas de molho de tomate, 3 latas de atum, mais sal, pimenta

1 – Comece pela massa. Misture a farinha peneirada com o fermento e o sal. Aos pouco vá colocando a água morna. Misture até a massa ficar homogênea. Se precisar coloque mais um pouco de farinha.

2 – Arrume a massa em cima da mesa e sove-a bem com a ajuda de mais farinha de trigo para não grudar.

3 – Depois abra a massa com um rolo. Coloque-a numa forma para pizza e deixe dobrar de tamanho.

4 – Enquanto isso, faça o recheio misturando o molho de tomate com o atum. Refogue bem em fogo baixo. Tempere com sal e pimenta e coloque sobre a pizza já crescida.

5 – Cubra com fatias de queijo e rodelas de tomate. Leve ao forno preaquecido até derreter bem o queijo e cozinhar a massa. Mais ou menos uns 30 minutos. Sirva em seguida.

Pizza de sardinha

3 copos de farinha de trigo, 2 colheres de óleo, 3 ovos, 1 pitada de sal, 1 pacote de fermento biológico seco, 3 latas de sardinha, 1 lata de molho de tomate, 2 cebolas em conserva, 1 punhado de orégano

1 – Misture todos os ingredientes da massa no liquidificador. Deixe bater bem. Por último, misture o fermento. A massa não fica nem mole, nem dura.

2 – Arrume-a em uma fôrma e deixe crescer por 40 minutos. Enquanto isso, prepare o molho.

3 – Refogue a cebola, o molho de tomate e a sardinha. Por último, quando estiver quase pronto, coloque o orégano.

4 – Para montar a pizza: a massa já crescida vai ao forno para ser pré-assada durante 20 minutos.

5 – Retire a massa do forno, espalhe o molho e retorne ao forno para terminar de assar. Em aproximadamente 10 a 15 minutos estará pronta. Sirva quente ou fria.

Pizza instantânea

Para a massa:
3 ovos, 1 ½ xícara de leite, 2 xícaras de farinha de trigo, 1 colher de fermento

Para a cobertura:
purê de tomate, 1 lata de sardinhas (sem as espinhas) ou fatias de queijo e presunto picadas, 1 dente de alho amassado

1 – Passe todos os ingredientes da massa no liquidificador.

2 – Espalhe-a em uma forma redonda. Cubra-a com o purê de tomates e a sardinha (ou o presunto e o queijo picados) e salpique o alho amassado.

3 – Leve ao forno preaquecido por 30 minutos. Sugestão: ao servir a pizza, salpique-a com maionese.

PF do Anonymus

1 lata de feijão pronto, 1 kg de carne bovina, 6 ovos, 100g de queijo ralado grosso, 1 molho de salsinha, 1 pé de alface, 1 caixinha de morangos, 1 vidro de pepinos em conserva, manteiga, azeite, sal

1 – O feijão está pronto, só esquentar. Prepare a salada lavando bem as folhas de alface. Arrume-as em um prato. Por cima entram os pepinos cortados em metades e os

moranguinhos bem lavados, com o talo. Por cima de tudo, para finalizar, a salsinha picada e o queijo ralado grosso.

2 – Vamos aos bifes. Corte a carne em bifes. Numa frigideira quente coloque uma colher de manteiga e 3 colheres de azeite. Coloque um bife. Deixe fritar de um lado por 3 minutos, tempere com sal. Vire, tempere o outro lado e mais 3 minutos. Arrume o bife em um refratário e frite outro e mais outro. Um bife de cada vez. Os que estão prontos aguardam no refratário dentro do forno ligado na temperatura mínima.

3 – Depois dos bifes chega a vez dos ovos. Frite quantos desejar em uma frigideira quente com um pouco de azeite.

4 – Não esqueça de preparar um arroz e sirva o prato assim. Um pouco da salada, ao lado o arroz, em cima do arroz o ovo frito. Ao lado um pouco do feijão e o bife. Está pronto o PF do Anonymus, bom apetite!

Pimentão Recheado

7 pimentões, 1 lata de carne bovina, 3 colheres de extrato de tomate, 2 tomates, 1 cebola picada, 1 xícara de arroz, 1 copo de caldo de carne, 1 colher de farinha de trigo

1 – Coloque a carne picada para refogar. Acrescente a cebola, um pimentão picado, o extrato de tomate, a farinha de trigo, o caldo de carne e os tomates.

2 – Deixe o refogado bem cozido, mas cuide para não ficar seco.

3 – Depois de pronto, deixe esfriar.

4 – Tire o miolo e o talo dos pimentões. Misture o arroz cru ao refogado. Coloque o refogado com o arroz dentro dos pimentões. Tape com os talos que foram retirados.

5 – Leve ao forno preaquecido por 50 minutos e depois é só saborear esta delícia.

Porca atolada

1 kg de costela suína, 1 kg de aipim, 100g de bacon, 1 cebola, 2 tomates, 1 lata de ervilha, 3 dentes de alho, 1 tablete de caldo de carne, 2 cenouras, sal

1 – Comece cozinhando o aipim. Coloque-o em uma panela e cubra com água. Leve para o fogo e deixe cozinhar até que fique macio. Reserve a água.

2 – Esquente uma panela ampla e coloque o bacon picado.

3 – Corte a costelinha em pedaços, nos módulos do osso. Leve os pedaços para a panela com o bacon. Deixe dourar por todos os lados. Tempere com sal.

4 – Bata no liquidificador a cebola, os tomates e as cenouras cortados em pedaços. Junte o tablete de caldo de carne. Agora o pulo do gato. No lugar de água pura, use a água onde foi cozido o aipim. Coloque o suficiente para girar o liquidificador.

5 – Com as costelinhas bem douradas, acrescente o molho na panela. Adicione os dentes de alho inteiros mas sem a casca. Misture.

6 – Tampe e deixe cozinhar por 30 minutos. O molho vai ficar amarelado e consistente.

7 – Coloque o aipim cozido na panela. Misture e deixe somente o tempo de esquentar bem o aipim e as ervilhas. Sirva em seguida com salsinha picada.

Pudim de palmito

500ml de leite, 250ml de creme de leite, 1 colher de farinha de trigo, 6 ovos, 100g de queijo parmesão ralado, 1 lata de palmito bem picado, 2 abobrinhas finas bem verdes, 1 cenoura, sal

1 – Em uma panela, coloque o leite, o creme de leite e uma pitada de sal. Misture, leve ao fogo e deixe ferver.

2 – Dissolva a farinha de trigo em uma tigela com um pouco de creme. Em outra tigela, bata os ovos até espumarem. Junte o leite fervendo, a farinha dissolvida, o queijo ralado e o palmito e misture bem.

3 – Coloque a mistura em uma fôrma de bolo inglês ou em anel bem untada e leve ao fogo médio, em banho-maria, por 40 minutos, ou até que enfiando um palito ele saia limpo. Desenforme e espere esfriar.

4 – Corte as abobrinhas em fatias bem finas, no sentido do comprimento. Coloque as fatias sobre o pudim sobrepondo-as ligeiramente. Corte a cenoura em fatias finas no sentido do comprimento. Coloque-as em água fervente por meio minuto. Escorra e passe por água fria. Faça um laço e prenda-o com um palito.

Pudim dois sabores

1 lata de leite condensado, 1 lata de creme de leite sem o soro, 200ml de leite de coco, 1 envelope (24g) de gelatina em pó sem sabor, 5 colheres de água para dissolver a gelatina, 1 lata de pêssegos em conserva sem caroço, 1 lata de ameixa em conserva sem caroço

1 – Primeiro misture em uma panela a gelatina com as 5 colheres de água. Leve ao fogo para aquecer e dissolver. É bem rápido.

2 – Coloque a gelatina dissolvida no liquidificador e junte o leite condensado, o creme de leite e o leite de coco. Bata bem.

3 – Arrume a mistura numa fôrma de plástico com o fundo removível e leve para a geladeira por, no mínimo, 2 horas. Quando o pudim estiver consistente, está pronto para ser desenformado.

4 – Para preparar as caldas, coloque os pêssegos e a calda no liquidificador e bata bem. Leve ao fogo em uma panela

para engrossar um pouco. Não é preciso mexer. Deixe uns 5 minutos e está pronta.

5 – Para a calda de ameixa, coloque as ameixas e a calda no liquidificador e bata bem. Leve ao fogo em uma panela para engrossar um pouco. Não é preciso mexer. Deixe uns 5 minutos e está pronta.

6 – Sirva o pudim bem gelado acompanhado pelas caldas, quentes ou frias.

Polenta mole com molho

Para a polenta:
½ kg de farinha de milho média ou grossa, 2 litros de água, 1 colher de sal, óleo

Para o molho:
300g de lingüiças de tipos diversos, 1 cebola grande picada, 1 lata de tomates pelados ao molho, 300g de queijo ralado, suco de ½ limão, ½ cálice de vinho tinto, óleo

1 – Tire a pele das lingüiças e frite com óleo, acrescente a cebola, o tomate pelado com molho, o vinho tinto e o suco de limão, deixando o molho a cozinhar.

2 – Para preparar a polenta: em água morna, coloque um pouco de óleo, acrescente a farinha (que foi calculada na proporção de uma medida para duas de água), o sal e cozinhe, deixando-a mole.

3 – Coloque a polenta em uma forma, em seguida o molho e o queijo ralado.

QUICHE DE ASPARGOS

Para a massa:
2 xícaras de farinha de trigo, ½ xícara de manteiga, 4 a 5 colheres de água gelada, grãos de arroz ou feijão

Para o recheio:
1 lata de aspargos escorridos, 1 lata de creme de leite sem soro, 2 ovos ligeiramente batidos, ½ xícara de queijo tipo parmesão ralado

1 – Comece pela massa. Misture a farinha e a manteiga numa vasilha. Vá batendo até obter uma farofa. Acrescente a água gelada aos poucos, misturando até obter uma massa lisa. Abra a massa numa superfície lisa, polvilhada com farinha de trigo.

2 – Com esta massa, forre o fundo e os lados de uma fôrma refratária de 25 centímetros de diâmetro. Coloque papel-manteiga sobre a massa e cubra com grãos de arroz ou feijão crus para evitar que ela se deforme enquanto assa. Leve ao forno preaquecido, moderado, por 15 minutos. Retire o papel e o arroz ou o feijão, depois de tirar a fôrma do forno.

3 – Para o recheio, pique os aspargos, deixando 6 inteiros para decorar. Misture os aspargos picados com os ingre-

dientes restantes, menos o queijo ralado. Coloque sobre a massa pré-assada. Salpique com queijo.

4 – Leve ao forno novamente e asse por uns 35 minutos ou até que fique firme. Enfeite com os aspargos reservados. Esta torta pode ser servida quente ou fria, como entrada, para um lanche ou também como acompanhamento para uma carne assada.

Risoto doce

Para o risoto:
1 xícara de arroz, 1 colher de sopa de manteiga, ½ litro de água, 1 litro de leite, 1 lata de pêssego em calda (separe a calda dos pêssegos), 1 lata de figo em calda (separe a calda dos figos), 1 xícara de passas, 1 rama de canela em pau, 4 cravos

Para a calda:
1 xícara de açúcar, 1 xícara de água

1 – Coloque a manteiga na panela e frite o arroz.

2 – Acrescente a água, a canela, o cravo e as passas.

3 – Com a fervura em andamento, adicione as caldas dos pêssegos e dos figos.

4 – Deixe abrir a fervura. Acrescente o leite e deixe ferver novamente.

5 – Coloque os figos e os pêssegos, misture bem e cozinhe até o arroz estar pronto.

6 – Para finalizar, prepare uma calda. Deixe o açúcar derreter em uma panela e, quando estiver cor de caramelo, acrescente a xícara de água. Na hora de servir, cubra o risoto com a calda.

Risoto de cogumelos

700g de carne de galinha, 1 tablete de caldo de galinha, 15g de cogumelo, shitake seco, 100g de manteiga, 1 cebola, 3 xícaras de arroz arbóreo, 1 xícara de vinho branco, 140g de champignon, 100g de queijo ralado, azeite

1 – Comece preparando um caldo de galinha. Coloque a carne (podem ser coxas, sobrecoxas, o que você quiser) dentro de uma panela grande com o tablete de caldo e 2 litros de água. Ligue o fogo e deixe ferver por 1 hora.

2 – Separe o caldo e desfie a carne de galinha.

3 – Coloque o shitake de molho em água morna. O suficiente para cobrir todos os cogumelos. Deixe por 30 minutos.

4 – Agora começa a preparação do risoto. Numa panela acrescente 3 colheres de azeite e metade da manteiga. Em seguida entre com a cebola bem picada.

5 – Quando a cebola ficar macia, adicione o arroz. Deixe fritar levemente e junte a carne de galinha desfiada. Misture tudo.

6 – É a hora dos líquidos. Primeiro o vinho branco. Misture rapidamente. Quando o vinho for absorvido pelo

arroz, entre com duas conchas do caldo, que deve estar bem quente. Mexa novamente. Quando secar o caldo, coloque mais, sempre mexendo. Quando secar novamente, mais caldo e assim até que o arroz fique macio, mas ainda "al dente".

7 – Desligue a panela e coloque o champignon, o queijo ralado e o restante da manteiga. Mexa bem e sirva rapidamente com mais um pouco de queijo ralado. Uma delícia.

Rocambole de carne

1kg de carne moída, 2 ovos, 2 colheres de farinha de trigo, 100g de bacon, 100g de queijo, 100g de presunto, 1 cebola, 1 lata de seleta de legumes, 1 vidro de maionese, sal, pimenta, filme plástico

1 – Em um recipiente grande coloque a carne moída, os ovos, a seleta de legumes e a farinha de trigo. Tempere com sal e misture bem (pode colocar um pouco de pimenta também).

2 – Com as mãos, sove a mistura como se fosse uma massa de pão. É preciso deixar a massa homogênea.

3 – Abra essa massa, com as mãos, em cima de um pedaço de filme plástico bem esticado.

4 – Em cima da massa de carne arrume fatias de queijo e de presunto. Depois a cebola bem picada e o bacon, também picado. Passe bastante maionese por todo o rocambole.

5 – Enrole o rocambole aos poucos, com o auxílio do filme plástico.

6 – Coloque o rocambole em uma fôrma untada e não esqueça de retirar o filme plástico.

7 – Leve ao forno por 1 hora. Sirva quente ou frio. É uma delícia acompanhado de arroz e de uma boa salada.

Salada alemã com chucrute

1 lata de chucrute, 1kg de batatas, 1 lata de salsichas tipo Viena, 3 ovos, ½ xícara de azeite de oliva, 1 cebola grande, 5 dentes de alho, ½ xícara de vinagre, ½ xícara de vinho branco, 2 tabletes de caldo de carne, folhas de alface, 1 vidro de pepinos, 1 vidro de azeitonas, ½ pacote de batata palha, sal

1 – Cozinhe as batatas numa panela com bastante água e uma colher de sal até que fiquem macias. Depois de prontas, espere esfriar um pouco e corte-as em rodelas. Pode ser com casca. Apenas lave-as bem antes do cozimento.

2 – Leve as salsichas para outra panela com água também até abrir a fervura. Espere esfriar um pouco e corte-as em rodelas.

3 – Leve os ovos para uma panela pequena com água e espere abrir a fervura. Aí deixe cozinhar por 11 minutos. Retire-os da água, descasque-os depois de esfriar e corte-os em rodelas.

4 – Numa frigideira coloque o azeite. Quando estiver quente, acrescente a cebola picada. Misture, deixe refogar

uns minutos e adicione o alho bem picado. Mexa e deixe refogar mais um pouco. Cuidado para não queimar o alho e a cebola.

5 – Entre com o vinagre e o vinho branco. Misture e acrescente os tabletes de caldo de carne. Mexa bem e baixe o fogo. São mais 5 minutos e está pronto o molho.

6 – Coloque o molho por cima das batatas já cozidas e cortadas em rodelas e misture bem.

7 – Numa travessa arrume folhas de alface. No centro coloque as batatas com o molho.

8 – Por cima entram as salsichas e os ovos em rodelas. Misture delicadamente.

9 – Depois entram os pepinos cortados em rodelas e as azeitonas. Misture e finalize com a batata palha. Sirva em seguida ou, se prefeferir, leve para a geladeira e sirva gelada com o chucrute.

Salada da Vó Maria

1kg de batatas, 1 molho de salsão, 1 abacaxi grande, 1 vidro de palmito, 1 vidro de azeitona, 1 vidro grande de maionese, 1 lata de grão de bico, 1 pote de iogurte natural, 1 lima, folhas de alface, folhas de rúcula, folhas de mostarda, sal, pimenta, vinagre, azeite de oliva

1 – Começamos organizando os ingredientes. Lave bem as batatas, o salsão e as outras folhas.

2 – Coloque as batatas para cozinhar, com casca, em uma panela com bastante água.

3 – Quando as batatas estiverem macias, mas não se desmanchando, desligue o fogo e deixe esfriar um pouco. Quando for possível pegá-las, corte-as em rodelas.

4 – Tempere-as com sal, pimenta, vinagre e azeite de oliva.

5 – Acrescente o abacaxi cortado em cubos.

6 – Junte os palmitos em rodelas.

7 – É hora de entrarem as azeitonas picadas, o grão de bico e o salsão em pedaços. Misture tudo.

8 – Em outra vasilha misture a maionese com um pouco de iogurte natural. Vá colocando o iogurte e provando até ficar com um leve sabor de maionese. Acrescente o suco da lima. Misture bem e coloque o molho na salada.

9 – Agora é a vez de misturar com cuidado para que o molho agregue todos os ingredientes.

10 – Para montar o prato coloque, numa travessa, folhas de alface, rúcula e mostarda. Arrume a salada da Vó Maria no centro e enfeite com tomates e cenouras, por exemplo. Leve para a geladeira. Sirva bem gelada.

Salada de frutas com iogurte

1 litro de leite, 1 copo de iogurte natural, açúcar mascavo, 1 lata de salada de frutas

1 – Leve o litro de leite para ferver.

2 – Quando o leite ferver, deixe esfriar um pouco e coloque o iogurte natural.

3 – Deixe por 10 horas descansando em um ambiente fresco.

4 – Sirva com as frutas picadas e um pouco de açúcar mascavo.

Salada quente de macarrão

500g de massa do tipo fusilli ou penne, 100g de bacon, 1 pimentão, 1 cebola, 1 lata de presuntada, 1 copo de vinho ou vinagre, azeite, orégano

1 – Você pode aproveitar umas sobras daquela travessa de macarrão que a vovó preparou no domingo. Ou cozinhe a massa, como faz habitualmente, cuidando para que fique naquele ponto al dente.

2 – Quando aprontar, escorra e deixe descansar e esfriar.

3 – Enquanto a massa esfria, prepare o molho, que vai ser quente. Leve ao fogo uma frigideira com azeite e refogue

o bacon picado, o pimentão cortado em finíssimas tiras, a cebola em rodelas e a presuntada, também em tiras.

4 – Deixe ficar bem passado e acrescente um pouco de vinagre ou vinho à frigideira. Polvilhe orégano por cima.

5 – Espalhe esse molho bem quente, recém-saído do fogo, por cima da massa, misture bem e sirva em seguida. É uma bela salada de inverno.

Salpicão no abacaxi

1 ½ kg e meio de peito de frango, 300g de vagem, 300g de pepino em conserva, 300g de palmito em conserva, 3 abacaxis, 50g de azeitonas em conserva, 200g de amendoim torrado, 500g de maionese, 2 limões, 400g de iogurte natural, 3 colheres de azeite de oliva, sal

1 – Cozinhe o peito de frango em água. Um truque é colocar dois tabletes de caldo de galinha, para dar mais sabor. Depois de bem cozido, deixe esfriar e desfie completamente o frango com a ajuda de um garfo. A vagem também deve ser cozida em água até ficar macia e depois cortada em metades.

2 – Para montar o salpicão, coloque o frango desfiado em um prato grande e fundo. Misture a vagem cozida. Em seguida entram a maionese, o iogurte natural, o azeite e o suco dos dois limões. Misture bem. Entre com os pepinos, as azeitonas e os palmitos picados. Misture. Agora o amendoim. Se quiser usar o amendoim cru, lembre de

torrá-lo antes, em uma fôrma, no forno. Por último entra o abacaxi.

3 – Agora atenção. Corte os abacaxis da seguinte maneira: coloque-os deitados e retire apenas uma tampa, formando uma "canoa" de abacaxi. Com a ajuda de uma colher, retire todo o miolo. Pique esse miolo de abacaxi, dos três, e coloque no salpicão. Mexa bem para deixar tudo bem misturado. Acerte o sal e leve para a geladeira. Na hora de servir, use as canoinhas de abacaxi. Enfeite com alguns figos e cerejas.

Sopa do coração crocante

1kg de carne com osso, 8 cenouras, 1kg de moranga, 4 tomates, 2 cebolas, 1kg de aipim, 1 cabeça de alho, 2 tabletes de caldo de carne, 2 abobrinhas, 400g de vagem, 1 molho de salsão, 1 lata de milho, azeite, sal

1 – Comece pela sopa, o caldo. Em uma panela ampla coloque 3 colheres de azeite e refogue a carne cortada em pedaços. Deixe dourar levemente.

2 – Acrescente uma cebola cortada em metades, 5 cenouras cortadas em pedaços, o aipim e a moranga descascados, os tomates, os dentes de alho sem casca e os tabletes de caldo de carne.

3 – Misture tudo. Cubra com água e deixe cozinhar até que a moranga e o aipim fiquem macios.

4 – Retire tudo da panela, menos os ossos, e bata no liquidificador com um pouco mais de água. Volte para a panela. Tempere com sal. Deixe em fogo baixo. A sopa deve ficar um pouco cremosa. Se preciso, coloque mais água.

5 – Agora vamos ao coração da sopa. Pique bem a cebola e as cenouras restantes, as abobrinhas, a vagem e o talo do salsão. Leve tudo para uma frigideira com um pouco de azeite e acrescente o milho. Deixe refogar por 10 minutos, o suficiente para que os vegetais fiquem crocantes. Tempere com sal.

6 – Para servir, arrume uma porção dos vegetais crocantes no centro do prato. Cubra com a sopa quente. Sirva em seguida.

Suflê de palmito

1 colher de azeite, 1 cebola média ralada, 1 vidro de palmitos, 2 tomates picados sem pele e sem sementes, ½ colher de salsa picada, 1 colher de farinha de trigo, 1 copo de requeijão, 1 colherinha de sal, 2 ovos, 2 colheres de queijo parmesão ralado

1 – Em uma panela refogue a cebola no azeite. Adicione os palmitos picados e os tomates e deixe cozinhar por mais 5 minutos.

2 – Acrescente a salsa e polvilhe a farinha de trigo. Mexa bem e adicione o requeijão e o sal. Mexa até engrossar e retire.

3 – Bata os ovos na batedeira até dobrarem de volume. Misture delicadamente com o creme de palmito.

4 – Coloque em um recipiente refratário médio untado e enfarinhado, polvilhe com o queijo ralado e leve ao forno médio, preaquecido, por cerca de 15 minutos. Também fica saboroso se, no lugar do palmito, forem usados aspargos.

SHOW DE GOIABADA

1 lata de goiabada, 1 lata de creme de leite (sem soro), 1 copo de requeijão, 1 lata de leite condensado, 50g de queijo ralado

1 – Corte a goiabada em fatias finas. Unte bem um refratário e arrume-as no fundo e nas laterais.

2 – Depois misture o creme de leite, o requeijão e o leite condensado. Mexa bem até obter um creme branco, homogêneo.

3 – Derrame a mistura no refratário e finalize com o queijo ralado.

4 – Leve ao forno preaquecido por 40 minutos. Forno baixo, 180 graus. Retire e espere esfriar. O ideal é servir morno ou frio.

Tapete mágico

2kg de carne bovina, 2 cebolas brancas, 1 cebola roxa, 2 tomates, 3 pimentões, 1 lata de seleta de legumes, 1 lata de ervilha e milho, 1 cabeça de alho, 1 copo de vinho branco, 1 copo de caldo de carne

1 – Depois de limpos por dentro, sem sementes, corte os pimentões em pedaços pequenos. Use pimentões coloridos, verde, amarelo e vermelho.

2 – Descasque e pique bem o alho.

3 – As cebolas, depois de descascadas, devem ser cortadas também em cubos. Assim como os tomates, que podem ser picados com casca.

4 – Arrume tudo em uma fôrma grande, inclusive o milho, a ervilha e a seleta de legumes. Misture bem. Em cima dos vegetais coloque a carne. Use um bom pedaço de vazio, por exemplo. Leve para o forno preaquecido por 40 minutos, uma hora.

5 – Retire do forno e bata no liquidificador um pouco dos vegetais com o vinho branco, o caldo de carne e o suco que se formou no fundo da fôrma. Aliás, retorne a fôrma com a carne e os vegetais para o forno. Nesse momento você regula o ponto da carne. Corte um pedaço para ver se já está no ponto.

6 – Leve o molho batido no liquidificador para uma panela e espere engrossar um pouco. Se preferir, acrescente uma colher de farinha de trigo. Misture.

7 – Fatie o vazio e arrume as fatias em um prato com os vegetais. Por cima entra o molho, bem quente. Sirva com uma salada verde e arroz.

TOMATES RECHEADOS

2 latas de salsichas ao molho, 12 tomates, 100g de nozes (ou amendoim, ou pinhão, ou castanha), 100g de queijo em fatias

1 – Corte a parte de cima do tomate, como se tirasse uma tampa. Com uma colher retire todo o miolo, cuidando para não perfurar a casca.

2 – Esquente as salsichas ao molho e entre também com o miolo dos tomates. Mexa bem. Agora é preciso deixar cozinhar, até criar um molho consistente e com os tomates bem desmanchados.

3 – Coloque as nozes (ou amendoim, ou pinhão cozido, ou castanhas) no liquidificador. Bata até formar uma farinha.

4 – Com o refogado pronto, acrescente as nozes trituradas. Misture.

5 – Coloque o refogado dentro de cada tomate. Encha bem. Os tomates precisam ficar recheados completamente. Por cima entra uma fatia de queijo. Depois a tampa do tomate.

6 – Arrume todos os tomates recheados em uma fôrma e leve ao forno preaquecido por 10 minutos. O tempo de derreter o queijo e esquentar os tomates. Mas cuidado para não deixar tempo demais para não desmanchar os tomates. Sirva em seguida com arroz e salada verde!

Torradas florentinas

1 pão tipo italiano, 1 lata de patê de fígados, 1 vidro de azeitonas em conserva, orégano, azeite de oliva, sal

1 – Corte o pão em fatias, não muito finas, e tempere-as com sal e orégano. Por cima, azeite de oliva em cada fatia. Arrume-as em uma fôrma untada e leve para o forno preaquecido até tostar levemente.

2 – Retire as fatias do forno e passe uma generosa camada de patê de fígado, gelado, em cada uma. Enfeite com uma rodela de azeitona e sirva em seguida como aperitivo!

Torta de legumes

1 lata de salsichas, ½ xícara de leite, 50g de bacon picado, 3 cenouras cozidas e picadas, 200g de vagem cozida e picada, 1 lata de milho, 3 tomates picados, 1 cebola picada, 13 colheres de farinha de trigo, 6 ovos, 1 xícara de queijo ralado, sal, pimenta

1 – Misture todos os ingredientes. Comece pelos vegetais, depois a salsicha picada e o bacon, os ovos, a farinha, o queijo e por último o leite. Tempere com um pouco de sal e pimenta.

2 – Arrume tudo em um refratário untado e leve ao forno por 40 minutos. Forno médio e não precisa estar preaquecido. Quando dourar a parte de cima está pronto.

3 – Sirva quente, morno ou frio!

Torta de Pêssego

250g de margarina, 1 lata de creme de leite, 2 xícaras de açúcar, 1 lata de pêssego em conserva, 400g de bolacha Maria, 400g de doce de leite

1 – Bata na batedeira a margarina, o creme de leite e o açúcar até ficar um creme homogêneo e branco.

2 – Pique os pêssegos, reservando 3 para cortar em metades.

3 – Chega a hora de montar a torta. Distribua bolachas no fundo de um refratário até cobri-lo totalmente.

4 – Cubra com metade dos pêssegos picados.

5 – Mais uma camada de bolachas.

6 – Uma camada do creme branco.

7 – Outra de bolachas.

8 – Mais uma de pêssegos.

9 – Mais bolachas.

10 – O restante dos pêssegos picados e o restante do creme branco.

11 – A última camada de bolachas.

12 – Agora entra o doce de leite. Pegue uma colherada. Com a ajuda de outra colher, coloque em cima da camada de bolachas. Repita a operação, formando montinhos de doce de leite. Enfeite com os pêssegos em metades.

13 – Leve para a geladeira por, no mínimo, 3 horas. O ideal é preparar de um dia para o outro. Sirva gelada.

Torta de requeijão

2 copos de requeijão, 2 xícaras de leite, 2 xícaras de farinha de trigo, 1 xícara de maisena, 4 ovos, 1 xícara de óleo, 1 colher de fermento químico, 100g de queijo, 1 lata de presuntada

1 – Coloque as duas xícaras de leite, a farinha de trigo, o fermento, a maisena, os ovos, o óleo e o queijo cortado em pedaços. Bata até a massa ficar homogênea.

2 – Chega a hora de montar a torta. Unte um refratário com óleo, bem untado. No fundo faça uma camada da massa. Por cima coloque pedaços de presuntada e um copo de requeijão espalhado. Depois entram mais uma camada da massa, mais presuntada e o outro copo de requeijão. Termine com uma última camada de massa.

3 – Leve ao forno preaquecido por, em média, 40 minutos. A torta deve ficar dourada e completamente cozida por dentro. Faça o teste do palitinho colocando um palito de metal ou madeira no interior da massa. Se sair limpo, estará pronta! Sirva em seguida acompanhada de uma salada verde!

Torta dourada

2kg de batatas, 50g de queijo ralado, 1 ovo, 1 copo de requeijão, 100g de brócolis, 100g de tomate, 100g de couve-flor, 100g de cenoura, 100g de pimentão, 100g de cebola, 100g de vagem, ½ vidro de palmito, ½ vidro de pepino, sal, azeite, pimenta moída

1 – Cozinhe as batatas sem casca em uma panela com água e uma colher de sal, até ficarem bem macias. Faça o teste com um garfo.

2 – Numa frigideira com 3 colheres de azeite refogue os vegetais, todos cortados em pedaços pequenos. Primeiro entram a cenoura, o pimentão, a cebola e a vagem. Deixe dourar levemente por alguns minutos.

3 – Quando a cenoura estiver quase macia, entre com os brócolis, o tomate e a couve-flor. É o tempo de deixá-los macios também. Tempere com sal e um toque de pimenta moída. Desligue o fogo.

4 – Coloque a batata cozida em um recipiente e esmague-a com um garfo. É preciso esmagar bem. Acrescente o requeijão e misture. Entra também o ovo. Agora é preciso mexer até obter uma mistura homogênea. Acerte o tempero. Um pouco mais de sal, se for preciso.

5 – Unte um refratário com um pouco de azeite. Faça uma boa camada com o purê de batatas. Por cima entram o refogado de vegetais, os palmitos e os pepinos picados. Depois o restante do purê por cima. Para finalizar, o queijo ralado. Leve ao forno preaquecido por, em média, 30 minutos, ou até dourar bem o queijo.

Torta rápida de latas

1 lata de creme de leite, 1 lata de ervilha, 1 lata de milho, 1 lata de peito de galinha desfiado, 1 lata de champignon picado, 1 lata de maionese, 1 lata de palmitos, 100g de queijo ralado

1 – Misture tudo em um refratário. Cubra com queijo ralado e leve ao forno para gratinar.

2 – Sirva com arroz branco e batata palha.

Totosão

2 colheres de açúcar, 1 colher (chá) de sal, 3 colheres de fermento biológico seco, 6 colheres de óleo, 1 copo de água morna, 500g de farinha de trigo, 2 latas de salsichas, 1 gema

1 – Comece preparando a massa. Misture o açúcar, o sal, o fermento, o óleo e a água. Aos poucos acrescente a farinha de trigo.

2 – Mexa bem até obter uma massa homogênea. Coloque-a em cima de uma superfície lisa com um pouco de farinha. Sove levemente, o suficiente para que a massa desgrude totalmente das mãos.

3 – Corte um pedaço e abra com a ajuda de um rolo de massa. Estique bem, deixe a massa fina.

4 – Arrume uma salsicha em cima da massa e corte um pedaço suficiente para enrolar a salsicha. Feche bem nas laterais. Prepare quantos desejar.

5 – Leve-os ao forno em uma fôrma untada por 20 minutos.

6 – Retire-os do forno e pincele-os com a gema. Retorne ao forno por mais 5 minutos ou até dourar bem cada totosão.

7 – Sirva quente ou frio com mostarda e outros molhos de sua preferência.

ANEXOS

LATAS DE AÇO

Atendendo às exigências de bem-estar, saúde e segurança do consumidor, as latas de aço para embalagens são fabricadas com altíssimos padrões de tecnologia e qualidade, tornando-se uma das melhores opções para a indústria de alimentos.

São grandes as vantagens desse tipo de embalagem. Além de resistente é versátil, totalmente reciclável e conserva mais as propriedades nutritivas nos alimentos do que os processados artesanalmente, conforme pesquisa divulgada recentemente pela Universidade de Cornell nos Estados Unidos.

As latas protegem os alimentos acondicionados de luz, microorganismos, oxigênio, insetos e outros predadores. Na manipulação, no transporte e no armazenamento dos produtos, o material resiste a choques, quedas e empilhamento.

O aço é barreira contra a luz e o oxigênio que destroem ou comprometem a integridade de diversos nutrientes. O alimento enlatado não precisa necessariamente de conservantes químicos para se manter saudável. O processo é moderno e utiliza altas temperaturas em um cozimento rápido, que destrói totalmente os microorganismos. Já o cozimento caseiro, ao contrário, é lento e sob temperaturas menos elevadas, perdendo nutrientes. Os alimentos enlatados são acondicionados dentro de poucas horas depois de colhidos e mantêm-se nas mesmas condições até a lata ser aberta.

Latas de aço são armazéns portáteis, capazes de evitar a deterioração de produtos agrícolas.

Os vernizes que revestem as latas de aço evoluíram com o mercado alimentício. Não há problema em abrir uma lata, utilizar o alimento e guardá-la na geladeira. Não causa contaminação química, nem compromete a conservação. Esses mesmos vernizes também protegem e retardam a oxidação ou ferrugem, que é um processo natural dos metais que, em condições inadequadas de umidade e temperatura, envelhecem mais rápido. Por essa razão é importante manter os alimentos em locais limpos, secos, arejados e ao abrigo do sol.

O aço quando retorna ao meio ambiente enferruja, se tornando minério de ferro na natureza, em um período de 5 anos, sem causar prejuízos ao sistema. Atualmente cerca de 35% das latas fabricadas no Brasil são recicladas, o que representa uma expressiva economia de energia.

As empresas que industrializam essa embalagem são nacionais e utilizam matérias-primas, o minério de ferro, provenientes do nosso solo. Além disso, geram empregos e movimentam um amplo setor da economia.

Por todas essas vantagens as latas de aço são uma tendência mundial.

O papel dos alimentos funcionais

É crescente a atenção do setor de alimentos e dos consumidores sobre o papel que os alimentos representam à saúde, capacidade física e mental, melhorando a qualidade e expectativa de vida das pessoas.

Uma alimentação adequada inclui uma ampla variedade de alimentos com diferentes substâncias que afetam diversas funções corporais.

Os alimentos funcionais fornecem energia e nutrientes essenciais para o dia-a-dia, além de substâncias que atuam no metabolismo e na fisiologia humana, prevenindo e retardando doenças. São potentes antioxidantes, combatendo os radicais livres, que em excesso comprometem o bom funcionamento do organismo e aceleram o seu envelhecimento. Assim, quando ingeridas regularmente, podem reduzir o risco do desenvolvimento de diversos problemas de saúde, como câncer, problemas intestinais, colesterol, pressão alta, diabetes e doenças degenerativas. Dessa forma temos um bom motivo para incluí-las na dieta.

Veja quais as propriedades terapêuticas de alguns alimentos considerados funcionais:

Substância	Alimento	Benefícios potenciais
Ácidos Graxos Monoinsaturados	Nozes, azeitonas, abacate, azeite de oliva	Prevenção de doenças cardiovasculares
Ácidos Graxos Poliinsaturados	Avelãs e linhaça	Contribuição para manutenção das funções mentais e visuais

Ácidos Graxos Ômega-3	Peixes de água fria com alto teor de gordura, salmão, atum, azeites de pescado, alimentos enriquecidos com ômega-3	Prevenção de doenças cardiovasculares, prevenção de doenças auto-imunes e inflamatórias
Ácido Linoleico Conjugado	Carne de gado, cordeiro e alguns queijos	Contribuição para a manutenção saudável do sistema imunológico
Triptófano, Tiramina, Glutamina, Cisteína	Carne, pescado, ovos, legumes, complementos dietéticos e produtos para esportistas	Estimulação da função imunológica
Beta-caroteno	Cenoura, manga, beterraba	Fortalecem as defesas antioxidantes das células
Antocianinas	Cerejas, amoras, uva, frutas em geral	Prevenção de câncer e doenças cardiovasculares
Flavonóides	Frutas cítricas, repolho, brócolis, cebola, maçã, uva, amora, framboesa, chá verde, soja*	Fortalecem as defesas antioxidantes, ação sobre a formação de radicais livres e diminuição dos níveis de LDL – colesterol, * alívio das ondas de calor em mulheres na menopausa
Luteína e Zeantina	Pequi, milho, couve, cítricos, ovos, acelga, espinafre	Proteção contra a degeneração macular, manutenção de uma boa visão

Licopeno	Tomate, goiaba, melancia	Proteção contra câncer, principalmente de próstata, redução do risco de doenças cardiovasculares; atividade antioxidante
Esteróis, Estanóis Vegetais	Milho, soja, trigo, óleos de madeira	Redução do risco de doenças cardiovasculares, diminui a absorção do colesterol
Catequinas	Uva, morango, chá verde, chá preto	Atividade antioxidante e inibição da formação de ateromas, prevenção de certos tipos de câncer
Limonóides	Frutas cítricas	Estímulo à produção de enzimas protetoras contra o câncer e redução do colesterol
Resveratrol e Quercetina	Casca de uva, maçã e vinho tinto	Redução do risco de doenças cardiovasculares, inibição da formação de carcinógenos, coágulos e inflamações
Isoflavona	Soja, leguminosas, amendoim, alcaçuz, legumes e ervilhas	Alívio dos sintomas da menopausa, redução do risco de osteoporose e doenças cardiovasculares, redução do risco de câncer de mama e próstata
Proteínas da Soja	Soja e derivados	Redução do risco de doenças cardiovasculares

Betaglucana	Aveia, cevada, legumes e grãos	Controle da glicemia e do colesterol sérico
Isotiocianatos e Indol	Brócolis, repolho, couve-flor, rabanete e folha de mostarda	Aumento da atividade de enzimas (tipo 2) protetoras contra carcinogênese
Lignanas	Linhaça	Inibição de tumores hormônio-dependentes
Sulfetos Alílicos (Alil Sulfetos)	Alho e cebola	Redução de risco de doenças cardiovasculares, estímulo à produção de enzimas protetoras contra o câncer gástrico
Fibras/Prebióticos (Fibras Insolúveis e Solúveis Frutooligos-Sacarídeos e Inulina)	Grãos integrais, frutas e vegetais em geral	Melhora da saúde intestinal, redução do risco de câncer do cólon; controle do colesterol
Probióticos (Bifidobactérias e Lactobacilos)	Leites fermentados, iogurtes	Melhora da saúde intestinal, redução do risco de câncer do cólon, melhora da intolerância a lactose

Sobre o autor

José Antonio Pinheiro Machado nasceu em Porto Alegre, em 1949. É jornalista, advogado e escritor, com mais de 20 livros publicados.

Anonymus Gourmet, seu personagem, é uma das figuras mais populares no Rio Grande do Sul, com programas na TV COM, Canal Rural, RBS TV e rádios Gaúcha e Farroupilha. Mantém também uma coluna semanal no caderno de Gastronomia do jornal *Zero Hora*, de Porto Alegre.

J. A. Pinheiro Machado publicou vários best-sellers com receitas e dicas do Anonymus Gourmet, que venderam, na sua totalidade, mais de 300 mil exemplares. Como jornalista foi diretor da revista *Playboy* e atuou como repórter em *O Estado de S. Paulo*, *Folha da Manhã*, *Folha da Tarde*, *Placar* e *Quatro Rodas*. Publicou os livros *Opinião x censura*, *Recuerdos do futuro*, *O brasileiro que ganhou o prêmio Nobel – uma aventura de Anonymus Gourmet*, *Meio século de Correio do Povo*, *Enciclopédia das mulheres* e *Copos de cristal*. Como Anonymus Gourmet publicou: *Anonymus Gourmet – novas receitas*, *Comer bem, sem culpa* (em co-autoria com o Dr. Fernando Lucchese e com o cartunista Iotti), *Mais receitas do Anonymus Gourmet*, *200 receitas inéditas do Anonymus Gourmet*, *Dieta mediterrânea* (em co-autoria com o Dr. Fernando Lucchese), *Na mesa ninguém envelhece* (livro de crônicas que recebeu o Prêmio Açorianos de Literatura, um dos principais do estado), *Histórias de cama & mesa*, *100 receitas de aves e ovos*, *Voltaremos!*, *Receitas da família*, *233 receitas do Anonymus Gourmet*, *Receitas escolhidas do Anonymus Gourmet* e *Anonymus Gourmet – receitas e comentários*.

Livros do autor publicados pela **L&PM** Editores:

Todos os contos de Maigret – vol. 1
Todos os contos de Maigret – vol. 2

Coleção **L&PM** POCKET:

Romances com o inspetor Maigret:

A barcaça da morte
A fúria de Maigret
A louca de Maigret (inédito)
A noite da encruzilhada
A primeira investigação de Maigret
A velha senhora
As férias de Maigret
As testemunhas rebeldes
Liberty Bar (inédito)
Maigret e a morte do jogador (inédito)
Maigret e o corpo sem cabeça (inédito)
Maigret e o fantasma (inédito)
Maigret e o finado sr. Gallet (inédito)
Maigret e o homem do banco
Maigret e o ladrão preguiçoso (inédito)
Maigret e o matador (inédito)
Maigret e o mendigo (inédito)
Maigret e o negociante de vinhos (inédito)
Maigret e o sumiço do sr. Charles (inédito)
Maigret e os colegas americanos (inédito)
Maigret e os crimes do cais (inédito)
Maigret e os homens de bem
Maigret e seu morto
Maigret em Nova York
Maigret em Vichy (inédito)
Maigret na escola (inédito)
Maigret sai em viagem (inédito)
Maigret se defende (inédito)
Maigret se diverte (inédito)
Memórias de Maigret (inédito)
Morte na alta sociedade
O amigo de infância de Maigret (inédito)
O assassino sem rosto
O cão amarelo
O caso Saint-Fiacre
O enforcado
O medo de Maigret
O mistério das joias roubadas
O porto das brumas
O revólver de Maigret (inédito)
Os escrúpulos de Maigret (inédito)
Um crime na Holanda (inédito)
Um engano de Maigret
Uma sombra na janela

Outros romances:

A casa do canal (inédito)
A fuga do sr. Monde (inédito)
Ainda restam aveleiras
O burgomestre de Furnes
Sinal vermelho (inédito)

SÉRIE **L&PM** POCKET **PLUS**

24 horas na vida de uma mulher – Stefan Zweig
Alves & Cia. – Eça de Queiroz
À paz perpétua – Immanuel Kant
As melhores histórias de Sherlock Holmes – Arthur Conan Doyle
Bartleby, o escriturário – Herman Melville
Cartas a um jovem poeta – Rainer Maria Rilke
Cartas portuguesas – Mariana Alcoforado
Cartas do Yage – William Burroughs e Allen Ginsberg
Continhos galantes – Dalton Trevisan
Dr. Negro e outras histórias de terror – Arthur Conan Doyle
Esboço para uma teoria das emoções – Jean-Paul Sartre
Juventude – Joseph Conrad
Libelo contra a arte moderna – Salvador Dalí
Liberdade, liberdade – Millôr Fernandes e Flávio Rangel
Mulher no escuro – Dashiell Hammett
No que acredito – Bertrand Russell
Noites brancas – Fiódor Dostoiévski
O casamento do céu e do inferno – William Blake
O coronel Chabert seguido de A mulher abandonada – Balzac
O diamante do tamanho do Ritz – F. Scott Fitzgerald
O gato por dentro – William S. Burroughs
O juiz e seu carrasco – Friedrich Durrenmatt
O teatro do bem e do mal – Eduardo Galeano
O terceiro homem – Graham Greene
Poemas escolhidos – Emily Dickinson
Primeiro amor – Ivan Turguêniev
Senhor e servo e outras histórias – Tolstói
Sobre a brevidade da vida – Sêneca
Sobre a inspiração poética & Sobre a mentira – Platão
Sonetos para amar o amor – Luís Vaz de Camões
Trabalhos de amor perdidos – William Shakespeare
Tristessa – Jack Kerouac
Uma temporada no inferno – Arthur Rimbaud
Vathek – William Beckford

Série Biografias **L&PM** POCKET:

Albert Einstein – Laurent Seksik
Átila – Eric Deschodt / Prêmio "Coup de coeur en poche" 2006 (França)
Balzac – François Taillandier
Baudelaire – Jean-Baptiste Baronian
Billie Holiday – Sylvia Fol
Cézanne – Bernard Fauconnier / Prêmio de biografia da cidade de Hossegor 2007 (França)
Freud – René Major e Chantal Talagrand
Gandhi – Christine Jordis / Prêmio do livro de história da cidade de Courbevoie 2008 (França)
Júlio César – Joël Schmidt
Kafka – Gérard-Georges Lemaire
Kerouac – Yves Buin
Leonardo da Vinci – Sophie Chauveau
Luís XVI – Bernard Vincent
Michelangelo – Nadine Sautel
Modigliani – Christian Parisot
Oscar Wilde – Daniel Salvatore Schiffer
Picasso – Gilles Plazy
Shakespeare – Claude Mourthé
Van Gogh – David Haziot / Prêmio da Academia Francesa 2008
Virginia Woolf – Alexandra Lemasson

Livros de Agatha Christie publicados pela **L&PM** EDITORES:

Assassinato no Expresso Oriente seguido de *Morte no Nilo* (quadrinhos)
Morte na Mesopotâmia seguido de *O caso dos dez negrinhos* (quadrinhos)

Coleção **L&PM** POCKET

Assassinato na casa do pastor
Um brinde de cianureto
Cartas na mesa
A Casa do Penhasco
A casa torta
Um crime adormecido
Os crimes ABC
Depois do funeral
Uma dose mortal
É fácil matar
E no final a morte
A extravagância do morto
Um gato entre os pombos
Hora Zero
A mão misteriosa
Mistério no Caribe
O mistério do Trem Azul
O mistério Sittaford
O misterioso sr. Quin
M ou N?
Morte na Mesopotâmia
O Natal de Poirot
Nêmesis
A noite das bruxas
Um passe de mágica
*Poirot e o mistério da arca
    espanhola e outras histórias*
Poirot perde uma cliente
*Poirot sempre espera e outras
    histórias*
Por que não pediram a Evans?
Portal do destino
Um pressentimento funesto
Punição para a inocência
Os Quatro Grandes
Seguindo a correnteza
Sócios no crime
A teia da aranha
*Testemunha da acusação e outras
    peças*
Testemunha ocular do crime
Os trabalhos de Hércules
Os treze problemas

Sob o pseudônimo de
Mary Westmacott:

Ausência na primavera
O conflito
O fardo
Filha é filha
O gigante
Retrato inacabado

Coleção L&PM POCKET

1. **Catálogo geral da Coleção**
2. **Poesias** – Fernando Pessoa
3. **O livro dos sonetos** – org. Sergio Faraco
4. **Hamlet** – Shakespeare / trad. Millôr
5. **Isadora, frag. autobiográficos** – Isadora Duncan
6. **Histórias sicilianas** – G. Lampedusa
7. **O relato de Arthur Gordon Pym** – Edgar A. Poe
8. **A mulher mais linda da cidade** – Bukowski
9. **O fim de Montezuma** – Hernan Cortez
10. **A ninfomania** – D. T. Bienville
11. **As aventuras de Robinson Crusoé** – D. Defoe
12. **Histórias de amor** – A. Bioy Casares
13. **Armadilha mortal** – Roberto Arlt
14. **Contos de fantasmas** – Daniel Defoe
15. **Os pintores cubistas** – G. Apollinaire
16. **A morte de Ivan Ilitch** – L.Tolstói
17. **A desobediência civil** – D. H. Thoreau
18. **Liberdade, liberdade** – F. Rangel e M. Fernandes
19. **Cem sonetos de amor** – Pablo Neruda
20. **Mulheres** – Eduardo Galeano
21. **Cartas a Théo** – Van Gogh
22. **Don Juan** – Molière / Trad. Millôr Fernandes
24. **Horla** – Guy de Maupassant
25. **O caso de Charles Dexter Ward** – Lovecraft
26. **Vathek** – William Beckford
27. **Hai-Kais** – Millôr Fernandes
28. **Adeus, minha adorada** – Raymond Chandler
29. **Cartas portuguesas** – Mariana Alcoforado
30. **A mensageira das violetas** – Florbela Espanca
31. **Espumas flutuantes** – Castro Alves
32. **Dom Casmurro** – Machado de Assis
34. **Alves & Cia.** – Eça de Queiroz
35. **Uma temporada no inferno** – A. Rimbaud
36. **A corresp. de Fradique Mendes** – Eça de Queiroz
38. **Antologia poética** – Olavo Bilac
39. **O rei Lear** – Shakespeare
40. **Memórias póstumas de Brás Cubas** – Machado de Assis
41. **Que loucura!** – Woody Allen
42. **O duelo** – Casanova
44. **Gentidades** – Darcy Ribeiro
45. **Memórias de um Sargento de Milícias** – Manuel Antônio de Almeida
46. **Os escravos** – Castro Alves
47. **O desejo pego pelo rabo** – Pablo Picasso
48. **Os inimigos** – Máximo Gorki
49. **O colar de veludo** – Alexandre Dumas
50. **Livro dos bichos** – Vários
51. **Quincas Borba** – Machado de Assis
53. **O exército de um homem só** – Moacyr Scliar
54. **Frankenstein** – Mary Shelley
55. **Dom Segundo Sombra** – Ricardo Güiraldes
56. **De vagões e vagabundos** – Jack London
57. **O homem bicentenário** – Isaac Asimov
58. **A viuvinha** – José de Alencar
59. **Livro das cortesãs** – org. de Sergio Faraco
60. **Últimos poemas** – Pablo Neruda
61. **A moreninha** – Joaquim Manuel de Macedo
62. **Cinco minutos** – José de Alencar
63. **Saber envelhecer e a amizade** – Cícero
64. **Enquanto a noite não chega** – J. Guimarães
65. **Tufão** – Joseph Conrad
66. **Aurélia** – Gérard de Nerval
67. **I-Juca-Pirama** – Gonçalves Dias
68. **Fábulas** – Esopo
69. **Teresa Filósofa** – Anônimo do Séc. XVIII
70. **Avent. inéditas de Sherlock Holmes** – Arthur Conan Doyle
71. **Quintana de bolso** – Mario Quintana
72. **Antes e depois** – Paul Gauguin
73. **A morte de Olivier Bécaille** – Émile Zola
74. **Iracema** – José de Alencar
75. **Iaiá Garcia** – Machado de Assis
76. **Utopia** – Tomás Morus
77. **Sonetos para amar o amor** – Camões
78. **Carmem** – Prosper Mérimée
79. **Senhora** – José de Alencar
80. **Hagar, o horrível 1** – Dik Browne
81. **O coração das trevas** – Joseph Conrad
82. **Um estudo em vermelho** – Arthur Conan Doyle
83. **Todos os sonetos** – Augusto dos Anjos
84. **A propriedade é um roubo** – P.-J. Proudhon
85. **Drácula** – Bram Stoker
86. **O marido complacente** – Sade
87. **De profundis** – Oscar Wilde
88. **Sem plumas** – Woody Allen
89. **Os bruzundangas** – Lima Barreto
90. **O cão dos Baskervilles** – Arthur Conan Doyle
91. **Paraísos artificiais** – Charles Baudelaire
92. **Cândido, ou o otimismo** – Voltaire
93. **Triste fim de Policarpo Quaresma** – Lima Barreto
94. **Amor de perdição** – Camilo Castelo Branco
95. **A megera domada** – Shakespeare / trad. Millôr
96. **O mulato** – Aluísio Azevedo
97. **O alienista** – Machado de Assis
98. **O livro dos sonhos** – Jack Kerouac
99. **Noite na taverna** – Álvares de Azevedo
100. **Aura** – Carlos Fuentes
102. **Contos gauchescos e Lendas do sul** – Simões Lopes Neto
103. **O cortiço** – Aluísio Azevedo
104. **Marília de Dirceu** – T. A. Gonzaga
105. **O Primo Basílio** – Eça de Queiroz
106. **O ateneu** – Raul Pompéia
107. **Um escândalo na Boêmia** – Arthur Conan Doyle
108. **Contos** – Machado de Assis
109. **200 Sonetos** – Luis Vaz de Camões
110. **O príncipe** – Maquiavel
111. **A escrava Isaura** – Bernardo Guimarães
112. **O solteirão nobre** – Conan Doyle
114. **Shakespeare de A a Z** – Shakespeare

115. **A relíquia** – Eça de Queiroz
117. **Livro do corpo** – Vários
118. **Lira dos 20 anos** – Álvares de Azevedo
119. **Esaú e Jacó** – Machado de Assis
120. **A barcarola** – Pablo Neruda
121. **Os conquistadores** – Júlio Verne
122. **Contos breves** – G. Apollinaire
123. **Taipi** – Herman Melville
124. **Livro dos desaforos** – org. de Sergio Faraco
125. **A mão e a luva** – Machado de Assis
126. **Doutor Miragem** – Moacyr Scliar
127. **O penitente** – Isaac B. Singer
128. **Diários da descoberta da América** – Cristóvão Colombo
129. **Édipo Rei** – Sófocles
130. **Romeu e Julieta** – Shakespeare
131. **Hollywood** – Bukowski
132. **Billy the Kid** – Pat Garrett
133. **Cuca fundida** – Woody Allen
134. **O jogador** – Dostoiévski
135. **O livro da selva** – Rudyard Kipling
136. **O vale do terror** – Arthur Conan Doyle
137. **Dançar tango em Porto Alegre** – S. Faraco
138. **O gaúcho** – Carlos Reverbel
139. **A volta ao mundo em oitenta dias** – J. Verne
140. **O livro dos esnobes** – W. M. Thackeray
141. **Amor & morte em Poodle Springs** – Raymond Chandler & R. Parker
142. **As aventuras de David Balfour** – Stevenson
143. **Alice no país das maravilhas** – Lewis Carroll
144. **A ressurreição** – Machado de Assis
145. **Inimigos, uma história de amor** – I. Singer
146. **O Guarani** – José de Alencar
147. **A cidade e as serras** – Eça de Queiroz
148. **Eu e outras poesias** – Augusto dos Anjos
149. **A mulher de trinta anos** – Balzac
150. **Pomba enamorada** – Lygia F. Telles
151. **Contos fluminenses** – Machado de Assis
152. **Antes de Adão** – Jack London
153. **Intervalo amoroso** – A.Romano de Sant'Anna
154. **Memorial de Aires** – Machado de Assis
155. **Naufrágios e comentários** – Cabeza de Vaca
156. **Ubirajara** – José de Alencar
157. **Textos anarquistas** – Bakunin
159. **Amor de salvação** – Camilo Castelo Branco
160. **O gaúcho** – José de Alencar
161. **O livro das maravilhas** – Marco Polo
162. **Inocência** – Visconde de Taunay
163. **Helena** – Machado de Assis
164. **Uma estação de amor** – Horácio Quiroga
165. **Poesia reunida** – Martha Medeiros
166. **Memórias de Sherlock Holmes** – Conan Doyle
167. **A vida de Mozart** – Stendhal
168. **O primeiro terço** – Neal Cassady
169. **O mandarim** – Eça de Queiroz
170. **Um espinho de marfim** – Marina Colasanti
171. **A ilustre Casa de Ramires** – Eça de Queiroz
172. **Lucíola** – José de Alencar
173. **Antígona** – Sófocles – trad. Donaldo Schüler
174. **Otelo** – William Shakespeare
175. **Antologia** – Gregório de Matos
176. **A liberdade de imprensa** – Karl Marx
177. **Casa de pensão** – Aluísio Azevedo
178. **São Manuel Bueno, Mártir** – Unamuno
179. **Primaveras** – Casimiro de Abreu
180. **O noviço** – Martins Pena
181. **O sertanejo** – José de Alencar
182. **Eurico, o presbítero** – Alexandre Herculano
183. **O signo dos quatro** – Conan Doyle
184. **Sete anos no Tibet** – Heinrich Harrer
185. **Vagamundo** – Eduardo Galeano
186. **De repente acidentes** – Carl Solomon
187. **As minas de Salomão** – Rider Haggar
188. **Uivo** – Allen Ginsberg
189. **A ciclista solitária** – Conan Doyle
190. **Os seis bustos de Napoleão** – Conan Doyle
191. **Cortejo do divino** – Nelida Piñon
194. **Os crimes do amor** – Marquês de Sade
195. **Besame Mucho** – Mário Prata
196. **Tuareg** – Alberto Vázquez-Figueroa
197. **O longo adeus** – Raymond Chandler
199. **Notas de um velho safado** – Bukowski
200. **111 ais** – Dalton Trevisan
201. **O nariz** – Nicolai Gogol
202. **O capote** – Nicolai Gogol
203. **Macbeth** – William Shakespeare
204. **Heráclito** – Donaldo Schüler
205. **Você deve desistir, Osvaldo** – Cyro Martins
206. **Memórias de Garibaldi** – A. Dumas
207. **A arte da guerra** – Sun Tzu
208. **Fragmentos** – Caio Fernando Abreu
209. **Festa no castelo** – Moacyr Scliar
210. **O grande deflorador** – Dalton Trevisan
212. **Homem do princípio ao fim** – Millôr Fernandes
213. **Aline e seus dois namorados (1)** – A. Iturrusgarai
214. **A juba do leão** – Sir Arthur Conan Doyle
215. **Assassino metido a esperto** – R. Chandler
216. **Confissões de um comedor de ópio** – Thomas De Quincey
217. **Os sofrimentos do jovem Werther** – Goethe
218. **Fedra** – Racine / Trad. Millôr Fernandes
219. **O vampiro de Sussex** – Conan Doyle
220. **Sonho de uma noite de verão** – Shakespeare
221. **Dias e noites de amor e de guerra** – Galeano
222. **O Profeta** – Khalil Gibran
223. **Flávia, cabeça, tronco e membros** – M. Fernandes
224. **Guia da ópera** – Jeanne Suhamy
225. **Macário** – Álvares de Azevedo
226. **Etiqueta na prática** – Celia Ribeiro
227. **Manifesto do partido comunista** – Marx & Engels
228. **Poemas** – Millôr Fernandes
229. **Um inimigo do povo** – Henrik Ibsen
230. **O paraíso destruído** – Frei B. de las Casas
231. **O gato no escuro** – Josué Guimarães
232. **O mágico de Oz** – L. Frank Baum
233. **Armas no Cyrano's** – Raymond Chandler
234. **Max e os felinos** – Moacyr Scliar
235. **Nos céus de Paris** – Alcy Cheuiche
236. **Os bandoleiros** – Schiller

237. **A primeira coisa que eu botei na boca** – Deonísio da Silva
238. **As aventuras de Simbad, o marújo**
239. **O retrato de Dorian Gray** – Oscar Wilde
240. **A carteira de meu tio** – J. Manuel de Macedo
241. **A luneta mágica** – J. Manuel de Macedo
242. **A metamorfose** – Kafka
243. **A flecha de ouro** – Joseph Conrad
244. **A ilha do tesouro** – R. L. Stevenson
245. **Marx - Vida & Obra** – José A. Giannotti
246. **Gênesis**
247. **Unidos para sempre** – Ruth Rendell
248. **A arte de amar** – Ovídio
249. **O sono eterno** – Raymond Chandler
250. **Novas receitas do Anonymus Gourmet** – J.A.P.M.
251. **A nova catacumba** – Arthur Conan Doyle
252. **Dr. Negro** – Arthur Conan Doyle
253. **Os voluntários** – Moacyr Scliar
254. **A bela adormecida** – Irmãos Grimm
255. **O príncipe sapo** – Irmãos Grimm
256. **Confissões e Memórias** – H. Heine
257. **Viva o Alegrete** – Sergio Faraco
258. **Vou estar esperando** – R. Chandler
259. **A senhora Beate e seu filho** – Schnitzler
260. **O ovo apunhalado** – Caio Fernando Abreu
261. **O ciclo das águas** – Moacyr Scliar
262. **Millôr Definitivo** – Millôr Fernandes
264. **Viagem ao centro da Terra** – Júlio Verne
265. **A dama do lago** – Raymond Chandler
266. **Caninos brancos** – Jack London
267. **O médico e o monstro** – R. L. Stevenson
268. **A tempestade** – William Shakespeare
269. **Assassinatos na rua Morgue** – E. Allan Poe
270. **99 corruíras nanicas** – Dalton Trevisan
271. **Broquéis** – Cruz e Sousa
272. **Mês de cães danados** – Moacyr Scliar
273. **Anarquistas – vol. 1 – A idéia** – G.Woodcock
274. **Anarquistas – vol. 2 – O movimento** – G.Woodcock
275. **Pai e filho, filho e pai** – Moacyr Scliar
276. **As aventuras de Tom Sawyer** – Mark Twain
277. **Muito barulho por nada** – W. Shakespeare
278. **Elogio da loucura** – Erasmo
279. **Autobiografia de Alice B. Toklas** – G. Stein
280. **O chamado da floresta** – J. London
281. **Uma agulha para o diabo** – Ruth Rendell
282. **Verdes vales do fim do mundo** – A. Bivar
283. **Ovelhas negras** – Caio Fernando Abreu
284. **O fantasma de Canterville** – O. Wilde
285. **Receitas de Yayá Ribeiro** – Celia Ribeiro
286. **A galinha degolada** – H. Quiroga
287. **O último adeus de Sherlock Holmes** – A. Conan Doyle
288. **A. Gourmet em Histórias de cama & mesa** – J. A. Pinheiro Machado
289. **Topless** – Martha Medeiros
290. **Mais receitas do Anonymus Gourmet** – J. A. Pinheiro Machado
291. **Origens do discurso democrático** – D. Schüler
292. **Humor politicamente incorreto** – Nani
293. **O teatro do bem e do mal** – E. Galeano
294. **Garibaldi & Manoela** – J. Guimarães
295. **10 dias que abalaram o mundo** – John Reed
296. **Numa fria** – Bukowski
297. **Poesia de Florbela Espanca** vol. 1
298. **Poesia de Florbela Espanca** vol. 2
299. **Escreva certo** – E. Oliveira e M. E. Bernd
300. **O vermelho e o negro** – Stendhal
301. **Ecce homo** – Friedrich Nietzsche
302(7). **Comer bem, sem culpa** – Dr. Fernando Lucchese, A. Gourmet e Iotti
303. **O livro de Cesário Verde** – Cesário Verde
305. **100 receitas de macarrão** – S. Lancellotti
306. **160 receitas de molhos** – S. Lancellotti
307. **100 receitas light** – H. e Â. Tonetto
308. **100 receitas de sobremesas** – Celia Ribeiro
309. **Mais de 100 dicas de churrasco** – Leon Diziekaniak
310. **100 receitas de acompanhamentos** – C. Cabeda
311. **Honra ou vendetta** – S. Lancellotti
312. **A alma do homem sob o socialismo** – Oscar Wilde
313. **Tudo sobre Yôga** – Mestre De Rose
314. **Os varões assinalados** – Tabajara Ruas
315. **Édipo em Colono** – Sófocles
316. **Lisístrata** – Aristófanes / trad. Millôr
317. **Sonhos do Bunker Hill** – John Fante
318. **Os deuses de Raquel** – Moacyr Scliar
319. **O colosso de Marússia** – Henry Miller
320. **As eruditas** – Molière / trad. Millôr
321. **Radicci 1** – Iotti
322. **Os Sete contra Tebas** – Ésquilo
323. **Brasil Terra à vista** – Eduardo Bueno
324. **Radicci 2** – Iotti
325. **Júlio César** – William Shakespeare
326. **A carta de Pero Vaz de Caminha**
327. **Cozinha Clássica** – Sílvio Lancellotti
328. **Madame Bovary** – Gustave Flaubert
329. **Dicionário do viajante insólito** – M. Sciar
330. **O capitão saiu para o almoço...** – Bukowski
331. **A carta roubada** – Edgar Allan Poe
332. **É tarde para saber** – Josué Guimarães
333. **O livro de bolso da Astrologia** – Maggy Harrisonx e Mellina Li
334. **1933 foi um ano ruim** – John Fante
335. **100 receitas de arroz** – Aninha Comas
336. **Guia prático do Português correto – vol. 1** – Cláudio Moreno
337. **Bartleby, o escriturário** – H. Melville
338. **Enterrem meu coração na curva do rio** – Dee Brown
339. **Um conto de Natal** – Charles Dickens
340. **Cozinha sem segredos** – J. A. P. Machado
341. **A dama das Camélias** – A. Dumas Filho
342. **Alimentação saudável** – H. e Â. Tonetto
343. **Continhos galantes** – Dalton Trevisan
344. **A Divina Comédia** – Dante Alighieri
345. **A Dupla Sertanojo** – Santiago
346. **Cavalos do amanhecer** – Mario Arregui
347. **Biografia de Vincent van Gogh por sua cunhada** – Jo van Gogh-Bonger

348. **Radicci 3** – Iotti
349. **Nada de novo no front** – E. M. Remarque
350. **A hora dos assassinos** – Henry Miller
351. **Flush – Memórias de um cão** – Virginia Woolf
352. **A guerra no Bom Fim** – M. Scliar
353(1). **O caso Saint-Fiacre** – Simenon
354(2). **Morte na alta sociedade** – Simenon
355(3). **O cão amarelo** – Simenon
356(4). **Maigret e o homem do banco** – Simenon
357. **As uvas e o vento** – Pablo Neruda
358. **On the road** – Jack Kerouac
359. **O coração amarelo** – Pablo Neruda
360. **Livro das perguntas** – Pablo Neruda
361. **Noite de Reis** – William Shakespeare
362. **Manual de Ecologia** – vol.1 – J. Lutzenberger
363. **O mais longo dos dias** – Cornelius Ryan
364. **Foi bom prá você?** – Nani
365. **Crepusculário** – Pablo Neruda
366. **A comédia dos erros** – Shakespeare
367(5). **A primeira investigação de Maigret** – Simenon
368(6). **As férias de Maigret** – Simenon
369. **Mate-me por favor (vol.1)** – L. McNeil
370. **Mate-me por favor (vol.2)** – L. McNeil
371. **Carta ao pai** – Kafka
372. **Os vagabundos iluminados** – J. Kerouac
373(7). **O enforcado** – Simenon
374(8). **A fúria de Maigret** – Simenon
375. **Vargas, uma biografia política** – H. Silva
376. **Poesia reunida (vol.1)** – A. R. de Sant'Anna
377. **Poesia reunida (vol.2)** – A. R. de Sant'Anna
378. **Alice no país do espelho** – Lewis Carroll
379. **Residência na Terra 1** – Pablo Neruda
380. **Residência na Terra 2** – Pablo Neruda
381. **Terceira Residência** – Pablo Neruda
382. **O delírio amoroso** – Bocage
383. **Futebol ao sol e à sombra** – E. Galeano
384(9). **O porto das brumas** – Simenon
385(10). **Maigret e seu morto** – Simenon
386. **Radicci 4** – Iotti
387. **Boas maneiras & sucesso nos negócios** – Celia Ribeiro
388. **Uma história Farroupilha** – M. Scliar
389. **Na mesa ninguém envelhece** – J. A. Pinheiro Machado
390. **200 receitas inéditas do Anonymus Gourmet** – J. A. Pinheiro Machado
391. **Guia prático do Português correto – vol.2** – Cláudio Moreno
392. **Breviário das terras do Brasil** – Assis Brasil
393. **Cantos Cerimoniais** – Pablo Neruda
394. **Jardim de Inverno** – Pablo Neruda
395. **Antonio e Cleópatra** – William Shakespeare
396. **Tróia** – Cláudio Moreno
397. **Meu tio matou um cara** – Jorge Furtado
398. **O anatomista** – Federico Andahazi
399. **As viagens de Gulliver** – Jonathan Swift
400. **Dom Quixote** – (v. 1) Miguel de Cervantes
401. **Dom Quixote** – (v. 2) Miguel de Cervantes
402. **Sozinho no Pólo Norte** – Thomaz Brandolin
403. **Matadouro 5** – Kurt Vonnegut
404. **Delta de Vênus** – Anaïs Nin
405. **O melhor de Hagar 2** – Dik Browne
406. **É grave Doutor?** – Nani
407. **Orai pornô** – Nani
408(11). **Maigret em Nova York** – Simenon
409(12). **O assassino sem rosto** – Simenon
410(13). **O mistério das jóias roubadas** – Simenon
411. **A irmãzinha** – Raymond Chandler
412. **Três contos** – Gustave Flaubert
413. **De ratos e homens** – John Steinbeck
414. **Lazarilho de Tormes** – Anônimo do séc. XVI
415. **Triângulo das águas** – Caio Fernando Abreu
416. **100 receitas de carnes** – Sílvio Lancellotti
417. **Histórias de robôs:** vol. 1 – org. Isaac Asimov
418. **Histórias de robôs:** vol. 2 – org. Isaac Asimov
419. **Histórias de robôs:** vol. 3 – org. Isaac Asimov
420. **O país dos centauros** – Tabajara Ruas
421. **A república de Anita** – Tabajara Ruas
422. **A carga dos lanceiros** – Tabajara Ruas
423. **Um amigo de Kafka** – Isaac Singer
424. **As alegres matronas de Windsor** – Shakespeare
425. **Amor e exílio** – Isaac Bashevis Singer
426. **Use & abuse do seu signo** – Marília Fiorillo e Marylou Simonsen
427. **Pigmaleão** – Bernard Shaw
428. **As fenícias** – Eurípides
429. **Everest** – Thomaz Brandolin
430. **A arte de furtar** – Anônimo do séc. XVI
431. **Billy Bud** – Herman Melville
432. **A rosa separada** – Pablo Neruda
433. **Elegia** – Pablo Neruda
434. **A garota de Cassidy** – David Goodis
435. **Como fazer a guerra: máximas de Napoleão** – Balzac
436. **Poemas escolhidos** – Emily Dickinson
437. **Gracias por el fuego** – Mario Benedetti
438. **O sofá** – Crébillon Fils
439. **O "Martín Fierro"** – Jorge Luis Borges
440. **Trabalhos de amor perdidos** – W. Shakespeare
441. **O melhor de Hagar 3** – Dik Browne
442. **Os Maias (volume1)** – Eça de Queiroz
443. **Os Maias (volume2)** – Eça de Queiroz
444. **Anti-Justine** – Restif de La Bretonne
445. **Juventude** – Joseph Conrad
446. **Contos** – Eça de Queiroz
447. **Janela para a morte** – Raymond Chandler
448. **Um amor de Swann** – Marcel Proust
449. **À paz perpétua** – Immanuel Kant
450. **A conquista do México** – Hernan Cortez
451. **Defeitos escolhidos e 2000** – Pablo Neruda
452. **O casamento do céu e do inferno** – William Blake
453. **A primeira viagem ao redor do mundo** – Antonio Pigafetta
454(14). **Uma sombra na janela** – Simenon
455(15). **A noite da encruzilhada** – Simenon
456(16). **A velha senhora** – Simenon
457. **Sartre** – Annie Cohen-Solal

458. **Discurso do método** – René Descartes
459. **Garfield em grande forma (1)** – Jim Davis
460. **Garfield está de dieta (2)** – Jim Davis
461. **O livro das feras** – Patricia Highsmith
462. **Viajante solitário** – Jack Kerouac
463. **Auto da barca do inferno** – Gil Vicente
464. **O livro vermelho dos pensamentos de Millôr** – Millôr Fernandes
465. **O livro dos abraços** – Eduardo Galeano
466. **Voltaremos!** – José Antonio Pinheiro Machado
467. **Rango** – Edgar Vasques
468(8). **Dieta mediterrânea** – Dr. Fernando Lucchese e José Antonio Pinheiro Machado
469. **Radicci 5** – Iotti
470. **Pequenos pássaros** – Anaïs Nin
471. **Guia prático do Português correto – vol.3** – Cláudio Moreno
472. **Atire no pianista** – David Goodis
473. **Antologia Poética** – García Lorca
474. **Alexandre e César** – Plutarco
475. **Uma espiã na casa do amor** – Anaïs Nin
476. **A gorda do Tiki Bar** – Dalton Trevisan
477. **Garfield um gato de peso (3)** – Jim Davis
478. **Canibais** – David Coimbra
479. **A arte de escrever** – Arthur Schopenhauer
480. **Pinóquio** – Carlo Collodi
481. **Misto-quente** – Bukowski
482. **A lua na sarjeta** – David Goodis
483. **O melhor do Recruta Zero (1)** – Mort Walker
484. **Aline: TPM – tensão pré-monstrual (2)** – Adão Iturrusgarai
485. **Sermões do Padre Antonio Vieira**
486. **Garfield numa boa (4)** – Jim Davis
487. **Mensagem** – Fernando Pessoa
488. **Vendeta** *seguido de* **A paz conjugal** – Balzac
489. **Poemas de Alberto Caeiro** – Fernando Pessoa
490. **Ferragus** – Honoré de Balzac
491. **A duquesa de Langeais** – Honoré de Balzac
492. **A menina dos olhos de ouro** – Honoré de Balzac
493. **O lírio do vale** – Honoré de Balzac
494(17). **A barcaça da morte** – Simenon
495(18). **As testemunhas rebeldes** – Simenon
496(19). **Um engano de Maigret** – Simenon
497(1). **A noite das bruxas** – Agatha Christie
498(2). **Um passe de mágica** – Agatha Christie
499(3). **Nêmesis** – Agatha Christie
500. **Esboço para uma teoria das emoções** – Sartre
501. **Renda básica de cidadania** – Eduardo Suplicy
502(1). **Pílulas para viver melhor** – Dr. Lucchese
503(2). **Pílulas para prolongar a juventude** – Dr. Lucchese
504(3). **Desembarcando o diabetes** – Dr. Lucchese
505(4). **Desembarcando o sedentarismo** – Dr. Fernando Lucchese e Cláudio Castro
506(5). **Desembarcando a hipertensão** – Dr. Lucchese
507(6). **Desembarcando o colesterol** – Dr. Fernando Lucchese e Fernanda Lucchese
508. **Estudos de mulher** – Balzac
509. **O terceiro tira** – Flann O'Brien
510. **100 receitas de aves e ovos** – J. A. P. Machado
511. **Garfield em toneladas de diversão (5)** – Jim Davis
512. **Trem-bala** – Martha Medeiros
513. **Os cães ladram** – Truman Capote
514. **O Kama Sutra de Vatsyayana**
515. **O crime do Padre Amaro** – Eça de Queiroz
516. **Odes de Ricardo Reis** – Fernando Pessoa
517. **O inverno da nossa desesperança** – Steinbeck
518. **Piratas do Tietê (1)** – Laerte
519. **Rê Bordosa: do começo ao fim** – Angeli
520. **O Harlem é escuro** – Chester Himes
521. **Café-da-manhã dos campeões** – Kurt Vonnegut
522. **Eugénie Grandet** – Balzac
523. **O último magnata** – F. Scott Fitzgerald
524. **Carol** – Patricia Highsmith
525. **100 receitas de patisseria** – Sílvio Lancellotti
526. **O fator humano** – Graham Greene
527. **Tristessa** – Jack Kerouac
528. **O diamante do tamanho do Ritz** – Scott Fitzgerald
529. **As melhores histórias de Sherlock Holmes** – Arthur Conan Doyle
530. **Cartas a um jovem poeta** – Rilke
531(20). **Memórias de Maigret** – Simenon
532(4). **O misterioso sr. Quin** – Agatha Christie
533. **Os analectos** – Confúcio
534(21). **Maigret e os homens de bem** – Simenon
535(22). **O medo de Maigret** – Simenon
536. **Ascensão e queda de César Birotteau** – Balzac
537. **Sexta-feira negra** – David Goodis
538. **Ora bolas – O humor de Mario Quintana** – Juarez Fonseca
539. **Longe daqui aqui mesmo** – Antonio Bivar
540(5). **É fácil matar** – Agatha Christie
541. **O pai Goriot** – Balzac
542. **Brasil, um país do futuro** – Stefan Zweig
543. **O processo** – Kafka
544. **O melhor de Hagar 4** – Dik Browne
545(6). **Por que não pediram a Evans?** – Agatha Christie
546. **Fanny Hill** – John Cleland
547. **O gato por dentro** – William S. Burroughs
548. **Sobre a brevidade da vida** – Sêneca
549. **Geraldão (1)** – Glauco
550. **Piratas do Tietê (2)** – Laerte
551. **Pagando o pato** – Ciça
552. **Garfield de bom humor (6)** – Jim Davis
553. **Conhece o Mário?** vol.1 – Santiago
554. **Radicci 6** – Iotti
555. **Os subterrâneos** – Jack Kerouac
556(1). **Balzac** – François Taillandier
557(2). **Modigliani** – Christian Parisot
558(3). **Kafka** – Gérard-Georges Lemaire
559(4). **Júlio César** – Joël Schmidt
560. **Receitas da família** – J. A. Pinheiro Machado
561. **Boas maneiras à mesa** – Celia Ribeiro
562(9). **Filhos sadios, pais felizes** – R. Pagnoncelli

563. (10).**Fatos & mitos** – Dr. Fernando Lucchese
564. **Ménage à trois** – Paula Taitelbaum
565. **Mulheres!** – David Coimbra
566. **Poemas de Álvaro de Campos** – Fernando Pessoa
567. **Medo e outras histórias** – Stefan Zweig
568. **Snoopy e sua turma (1)** – Schulz
569. **Piadas para sempre (1)** – Visconde da Casa Verde
570. **O alvo móvel** – Ross Macdonald
571. **O melhor do Recruta Zero (2)** – Mort Walker
572. **Um sonho americano** – Norman Mailer
573. **Os broncos também amam** – Angeli
574. **Crônica de um amor louco** – Bukowski
575. (5).**Freud** – René Major e Chantal Talagrand
576. (6).**Picasso** – Gilles Plazy
577. (7).**Gandhi** – Christine Jordis
578. **A tumba** – H. P. Lovecraft
579. **O príncipe e o mendigo** – Mark Twain
580. **Garfield, um charme de gato (7)** – Jim Davis
581. **Ilusões perdidas** – Balzac
582. **Esplendores e misérias das cortesãs** – Balzac
583. **Walter Ego** – Angeli
584. **Striptiras (1)** – Laerte
585. **Fagundes: um puxa-saco de mão cheia** – Laerte
586. **Depois do último trem** – Josué Guimarães
587. **Ricardo III** – Shakespeare
588. **Dona Anja** – Josué Guimarães
589. **24 horas na vida de uma mulher** – Stefan Zweig
590. **O terceiro homem** – Graham Greene
591. **Mulher no escuro** – Dashiell Hammett
592. **No que acredito** – Bertrand Russell
593. **Odisséia (1): Telemaquia** – Homero
594. **O cavalo cego** – Josué Guimarães
595. **Henrique V** – Shakespeare
596. **Fabulário geral do delírio cotidiano** – Bukowski
597. **Tiros na noite 1: A mulher do bandido** – Dashiell Hammett
598. **Snoopy em Feliz Dia dos Namorados! (2)** – Schulz
599. **Mas não se matam cavalos?** – Horace McCoy
600. **Crime e castigo** – Dostoiévski
601. (7).**Mistério no Caribe** – Agatha Christie
602. **Odisséia (2): Regresso** – Homero
603. **Piadas para sempre (2)** – Visconde da Casa Verde
604. **À sombra do vulcão** – Malcolm Lowry
605. (8).**Kerouac** – Yves Buin
606. **E agora são cinzas** – Angeli
607. **As mil e uma noites** – Paulo Caruso
608. **Um assassino entre nós** – Ruth Rendell
609. **Crack-up** – F. Scott Fitzgerald
610. **Do amor** – Stendhal
611. **Cartas do Yage** – William Burroughs e Allen Ginsberg
612. **Striptiras (2)** – Laerte
613. **Henry & June** – Anaïs Nin
614. **A piscina mortal** – Ross Macdonald
615. **Geraldão (2)** – Glauco
616. **Tempo de delicadeza** – A. R. de Sant'Anna
617. **Tiros na noite 2: Medo de tiro** – Dashiell Hammett
618. **Snoopy em Assim é a vida, Charlie Brown! (3)** – Schulz
619. **1954 – Um tiro no coração** – Hélio Silva
620. **Sobre a inspiração poética (Íon) e ...** – Platão
621. **Garfield e seus amigos (8)** – Jim Davis
622. **Odisséia (3): Ítaca** – Homero
623. **A louca matança** – Chester Himes
624. **Factótum** – Bukowski
625. **Guerra e Paz: volume 1** – Tolstói
626. **Guerra e Paz: volume 2** – Tolstói
627. **Guerra e Paz: volume 3** – Tolstói
628. **Guerra e Paz: volume 4** – Tolstói
629. (9).**Shakespeare** – Claude Mourthé
630. **Bem está o que bem acaba** – Shakespeare
631. **O contrato social** – Rousseau
632. **Geração Beat** – Jack Kerouac
633. **Snoopy: É Natal! (4)** – Charles Schulz
634. (8).**Testemunha da acusação** – Agatha Christie
635. **Um elefante no caos** – Millôr Fernandes
636. **Guia de leitura (100 autores que você precisa ler)** – Organização de Léa Masina
637. **Pistoleiros também mandam flores** – David Coimbra
638. **O prazer das palavras** – vol. 1 – Cláudio Moreno
639. **O prazer das palavras** – vol. 2 – Cláudio Moreno
640. **Novíssimo testamento: com Deus e o diabo, a dupla da criação** – Iotti
641. **Literatura Brasileira: modos de usar** – Luís Augusto Fischer
642. **Dicionário de Porto-Alegrês** – Luís A. Fischer
643. **Clô Dias & Noites** – Sérgio Jockymann
644. **Memorial de Isla Negra** – Pablo Neruda
645. **Um homem extraordinário e outras histórias** – Tchékhov
646. **Ana sem terra** – Alcy Cheuiche
647. **Adultérios** – Woody Allen
648. **Para sempre ou nunca mais** – R. Chandler
649. **Nosso homem em Havana** – Graham Greene
650. **Dicionário Caldas Aulete de Bolso**
651. **Snoopy: Posso fazer uma pergunta, professora? (5)** – Charles Schulz
652. (10).**Luís XVI** – Bernard Vincent
653. **O mercador de Veneza** – Shakespeare
654. **Cancioneiro** – Fernando Pessoa
655. **Non-Stop** – Martha Medeiros
656. **Carpinteiros, levantem bem alto a cumeeira & Seymour, uma apresentação** – J.D.Salinger
657. **Ensaios céticos** – Bertrand Russell
658. **O melhor de Hagar 5** – Dik e Chris Browne
659. **Primeiro amor** – Ivan Turguêniev
660. **A trégua** – Mario Benedetti
661. **Um parque de diversões da cabeça** – Lawrence Ferlinghetti
662. **Aprendendo a viver** – Sêneca
663. **Garfield, um gato em apuros (9)** – Jim Davis

664. **Dilbert 1** – Scott Adams
665. **Dicionário de dificuldades** – Domingos Paschoal Cegalla
666. **A imaginação** – Jean-Paul Sartre
667. **O ladrão e os cães** – Naguib Mahfuz
668. **Gramática do português contemporâneo** – Celso Cunha
669. **A volta do parafuso** *seguido de* **Daisy Miller** – Henry James
670. **Notas do subsolo** – Dostoiévski
671. **Abobrinhas da Brasilônia** – Glauco
672. **Geraldão (3)** – Glauco
673. **Piadas para sempre (3)** – Visconde da Casa Verde
674. **Duas viagens ao Brasil** – Hans Staden
675. **Bandeira de bolso** – Manuel Bandeira
676. **A arte da guerra** – Maquiavel
677. **Além do bem e do mal** – Nietzsche
678. **O coronel Chabert** *seguido de* **A mulher abandonada** – Balzac
679. **O sorriso de marfim** – Ross Macdonald
680. **100 receitas de pescados** – Sílvio Lancellotti
681. **O juiz e seu carrasco** – Friedrich Dürrenmatt
682. **Noites brancas** – Dostoiévski
683. **Quadras ao gosto popular** – Fernando Pessoa
684. **Romanceiro da Inconfidência** – Cecília Meireles
685. **Kaos** – Millôr Fernandes
686. **A pele do onagro** – Balzac
687. **As ligações perigosas** – Choderlos de Laclos
688. **Dicionário de matemática** – Luiz Fernandes Cardoso
689. **Os Lusíadas** – Luís Vaz de Camões
690(11). **Átila** – Éric Deschodt
691. **Um jeito tranqüilo de matar** – Chester Himes
692. **A felicidade conjugal** *seguido de* **O diabo** – Tolstói
693. **Viagem de um naturalista ao redor do mundo** – vol. 1 – Charles Darwin
694. **Viagem de um naturalista ao redor do mundo** – vol. 2 – Charles Darwin
695. **Memórias da casa dos mortos** – Dostoiévski
696. **A Celestina** – Fernando de Rojas
697. **Snoopy: Como você é azarado, Charlie Brown! (6)** – Charles Schulz
698. **Dez (quase) amores** – Claudia Tajes
699(9). **Poirot sempre espera** – Agatha Christie
700. **Cecília de bolso** – Cecília Meireles
701. **Apologia de Sócrates** *precedido de* **Êutifron** *e seguido de* **Críton** – Platão
702. **Wood & Stock** – Angeli
703. **Striptirias (3)** – Laerte
704. **Discurso sobre a origem e os fundamentos da desigualdade entre os homens** – Rousseau
705. **Os duelistas** – Joseph Conrad
706. **Dilbert (2)** – Scott Adams
707. **Viver e escrever** (vol. 1) – Edla van Steen
708. **Viver e escrever** (vol. 2) – Edla van Steen
709. **Viver e escrever** (vol. 3) – Edla van Steen
710(10). **A teia da aranha** – Agatha Christie
711. **O banquete** – Platão
712. **Os belos e malditos** – F. Scott Fitzgerald
713. **Libelo contra a arte moderna** – Salvador Dalí
714. **Akropolis** – Valerio Massimo Manfredi
715. **Devoradores de mortos** – Michael Crichton
716. **Sob o sol da Toscana** – Frances Mayes
717. **Batom na cueca** – Nani
718. **Vida dura** – Claudia Tajes
719. **Carne trêmula** – Ruth Rendell
720. **Cris, a fera** – David Coimbra
721. **O anticristo** – Nietzsche
722. **Como um romance** – Daniel Pennac
723. **Emboscada no Forte Bragg** – Tom Wolfe
724. **Assédio sexual** – Michael Crichton
725. **O espírito do Zen** – Alan W. Watts
726. **Um bonde chamado desejo** – Tennessee Williams
727. **Como gostais** *seguido de* **Conto de inverno** – Shakespeare
728. **Tratado sobre a tolerância** – Voltaire
729. **Snoopy: Doces ou travessuras? (7)** – Charles Schulz
730. **Cardápios do Anonymus Gourmet** – J.A. Pinheiro Machado
731. **100 receitas com lata** – J.A. Pinheiro Machado
732. **Conhece o Mário?** vol.2 – Santiago
733. **Dilbert (3)** – Scott Adams
734. **História de um louco amor** *seguido de* **Passado amor** – Horacio Quiroga
735(11). **Sexo: muito prazer** – Laura Meyer da Silva
736(12). **Para entender o adolescente** – Dr. Ronald Pagnoncelli
737(13). **Desembarcando a tristeza** – Dr. Fernando Lucchese
738. **Poirot e o mistério da arca espanhola & outras histórias** – Agatha Christie
739. **A última legião** – Valerio Massimo Manfredi
740. **As virgens suicidas** – Jeffrey Eugenides
741. **Sol nascente** – Michael Crichton
742. **Duzentos ladrões** – Dalton Trevisan
743. **Os devaneios do caminhante solitário** – Rousseau
744. **Garfield, o rei da preguiça (10)** – Jim Davis
745. **Os magnatas** – Charles R. Morris
746. **Pulp** – Charles Bukowski
747. **Enquanto agonizo** – William Faulkner
748. **Aline: viciada em sexo (3)** – Adão Iturrusgarai
749. **A dama do cachorrinho** – Anton Tchékhov
750. **Tito Andrônico** – Shakespeare
751. **Antologia poética** – Anna Akhmátova
752. **O melhor de Hagar 6** – Dik e Chris Browne
753(12). **Michelangelo** – Nadine Sautel
754. **Dilbert (4)** – Scott Adams
755. **O jardim das cerejeiras** *seguido de* **Tio Vânia** – Tchékhov
756. **Geração Beat** – Claudio Willer
757. **Santos Dumont** – Alcy Cheuiche
758. **Budismo** – Claude B. Levenson
759. **Cleópatra** – Christian-Georges Schwentzel
760. **Revolução Francesa** – Frédéric Bluche, Stéphane Rials e Jean Tulard

761. **A crise de 1929** – Bernard Gazier
762. **Sigmund Freud** – Edson Sousa e Paulo Endo
763. **Império Romano** – Patrick Le Roux
764. **Cruzadas** – Cécile Morrisson
765. **O mistério do Trem Azul** – Agatha Christie
766. **Os escrúpulos de Maigret** – Simenon
767. **Maigret se diverte** – Simenon
768. **Senso comum** – Thomas Paine
769. **O parque dos dinossauros** – Michael Crichton
770. **Trilogia da paixão** – Goethe
771. **A simples arte de matar** (vol.1) – R. Chandler
772. **A simples arte de matar** (vol.2) – R. Chandler
773. **Snoopy: No mundo da lua! (8)** – Charles Schulz
774. **Os Quatro Grandes** – Agatha Christie
775. **Um brinde de cianureto** – Agatha Christie
776. **Súplicas atendidas** – Truman Capote
777. **Ainda restam aveleiras** – Simenon
778. **Maigret e o ladrão preguiçoso** – Simenon
779. **A viúva imortal** – Millôr Fernandes
780. **Cabala** – Roland Goetschel
781. **Capitalismo** – Claude Jessua
782. **Mitologia grega** – Pierre Grimal
783. **Economia: 100 palavras-chave** – Jean-Paul Betbèze
784. **Marxismo** – Henri Lefebvre
785. **Punição para a inocência** – Agatha Christie
786. **A extravagância do morto** – Agatha Christie
787.(13).**Cézanne** – Bernard Fauconnier
788. **A identidade Bourne** – Robert Ludlum
789. **Da tranquilidade da alma** – Sêneca
790. **Um artista da fome** *seguido de* **Na colônia penal e outras histórias** – Kafka
791. **Histórias de fantasmas** – Charles Dickens
792. **A louca de Maigret** – Simenon
793. **O amigo de infância de Maigret** – Simenon
794. **O revólver de Maigret** – Simenon
795. **A fuga do sr. Monde** – Simenon
796. **O Uraguai** – Basílio da Gama
797. **A mão misteriosa** – Agatha Christie
798. **Testemunha ocular do crime** – Agatha Christie
799. **Crepúsculo dos ídolos** – Friedrich Nietzsche
800. **Maigret e o negociante de vinhos** – Simenon
801. **Maigret e o mendigo** – Simenon
802. **O grande golpe** – Dashiell Hammett
803. **Humor barra pesada** – Nani
804. **Vinho** – Jean-François Gautier
805. **Egito Antigo** – Sophie Desplancques
806.(14).**Baudelaire** – Jean-Baptiste Baronian
807. **Caminho da sabedoria, caminho da paz** – Dalai Lama e Felizitas von Schönborn
808. **Senhor e servo e outras histórias** – Tolstói
809. **Os cadernos de Malte Laurids Brigge** – Rilke
810. **Dilbert (5)** – Scott Adams
811. **Big Sur** – Jack Kerouac
812. **Seguindo a correnteza** – Agatha Christie
813. **O álibi** – Sandra Brown
814. **Montanha-russa** – Martha Medeiros
815. **Coisas da vida** – Martha Medeiros
816. **A cantada infalível** *seguido de* **A mulher do centroavante** – David Coimbra
817. **Maigret e os crimes do cais** – Simenon
818. **Sinal vermelho** – Simenon
819. **Snoopy: Pausa para a soneca (9)** – Charles Schulz
820. **De pernas pro ar** – Eduardo Galeano
821. **Tragédias gregas** – Pascal Thiercy
822. **Existencialismo** – Jacques Colette
823. **Nietzsche** – Jean Granier
824. **Amar ou depender?** – Walter Riso
825. **Darmapada: A doutrina budista em versos**
826. **J'Accuse...! – a verdade em marcha** – Zola
827. **Os crimes ABC** – Agatha Christie
828. **Um gato entre os pombos** – Agatha Christie
829. **Maigret e o sumiço do sr. Charles** – Simenon
830. **Maigret e a morte do jogador** – Simenon
831. **Dicionário de teatro** – Luiz Paulo Vasconcellos
832. **Cartas extraviadas** – Martha Medeiros
833. **A longa viagem de prazer** – J. J. Morosoli
834. **Receitas fáceis** – J. A. Pinheiro Machado
835.(14).**Mais fatos & mitos** – Dr. Fernando Lucchese
836.(15).**Boa viagem!** – Dr. Fernando Lucchese
837. **Aline: Finalmente nua!!! (4)** – Adão Iturrusgarai
838. **Mônica tem uma novidade!** – Mauricio de Sousa
839. **Cebolinha em apuros!** – Mauricio de Sousa
840. **Sócios no crime** – Agatha Christie
841. **Bocas do tempo** – Eduardo Galeano
842. **Orgulho e preconceito** – Jane Austen
843. **Impressionismo** – Dominique Lobstein
844. **Escrita chinesa** – Viviane Alleton
845. **Paris: uma história** – Yvan Combeau
846.(15).**Van Gogh** – David Haziot
847. **Maigret e o corpo sem cabeça** – Simenon
848. **Portal do destino** – Agatha Christie
849. **O futuro de uma ilusão** – Freud
850. **O mal-estar na cultura** – Freud
851. **Maigret e o matador** – Simenon
852. **Maigret e o fantasma** – Simenon
853. **Um crime adormecido** – Agatha Christie
854. **Satori em Paris** – Jack Kerouac
855. **Medo e delírio em Las Vegas** – Hunter Thompson
856. **Um negócio fracassado e outros contos de humor** – Tchékhov
857. **Mônica está de férias!** – Mauricio de Sousa
858. **De quem é esse coelho?** – Mauricio de Sousa
859. **O burgomestre de Furnes** – Simenon
860. **O mistério Sittaford** – Agatha Christie
861. **Manhã transfigurada** – Luiz Antonio de Assis Brasil
862. **Alexandre, o Grande** – Pierre Briant
863. **Jesus** – Charles Perrot
864. **Islã** – Paul Balta
865. **Guerra da Secessão** – Farid Ameur
866. **Um rio que vem da Grécia** – Cláudio Moreno
867. **Maigret e os colegas americanos** – Simenon
868. **Assassinato na casa do pastor** – Agatha Christie
869. **Manual do líder** – Napoleão Bonaparte
870.(16).**Billie Holiday** – Sylvia Fol
871. **Bidu arrasando!** – Mauricio de Sousa
872. **Desventuras em família** – Mauricio de Sousa
873. **Liberty Bar** – Simenon

874. **E no final a morte** – Agatha Christie
875. **Guia prático do Português correto – vol. 4** – Cláudio Moreno
876. **Dilbert (6)** – Scott Adams
877(17). **Leonardo da Vinci** – Sophie Chauveau
878. **Bella Toscana** – Frances Mayes
879. **A arte da ficção** – David Lodge
880. **Striptiras (4)** – Laerte
881. **Skrotinhos** – Angeli
882. **Depois do funeral** – Agatha Christie
883. **Radicci 7** – Iotti
884. **Walden** – H. D. Thoreau
885. **Lincoln** – Allen C. Guelzo
886. **Primeira Guerra Mundial** – Michael Howard
887. **A linha de sombra** – Joseph Conrad
888. **O amor é um cão dos diabos** – Bukowski
889. **Maigret sai em viagem** – Simenon
890. **Despertar: uma vida de Buda** – Jack Kerouac
891(18). **Albert Einstein** – Laurent Seksik
892. **Hell's Angels** – Hunter Thompson
893. **Ausência na primavera** – Agatha Christie
894. **Dilbert (7)** – Scott Adams
895. **Ao sul de lugar nenhum** – Bukowski
896. **Maquiavel** – Quentin Skinner
897. **Sócrates** – C.C.W. Taylor
898. **A casa do canal** – Simenon
899. **O Natal de Poirot** – Agatha Christie
900. **As veias abertas da América Latina** – Eduardo Galeano
901. **Snoopy: Sempre alerta! (10)** – Charles Schulz
902. **Chico Bento: Plantando confusão** – Mauricio de Sousa
903. **Penadinho: Quem é morto sempre aparece** – Mauricio de Sousa
904. **A vida sexual da mulher feia** – Claudia Tajes
905. **100 segredos de liquidificador** – José Antonio Pinheiro Machado
906. **Sexo muito prazer 2** – Laura Meyer da Silva
907. **Os nascimentos** – Eduardo Galeano
908. **As caras e as máscaras** – Eduardo Galeano
909. **O século do vento** – Eduardo Galeano
910. **Poirot perde uma cliente** – Agatha Christie
911. **Cérebro** – Michael O'Shea
912. **O escaravelho de ouro e outras histórias** – Edgar Allan Poe
913. **Piadas para sempre (4)** – Visconde da Casa Verde
914. **100 receitas de massas light** – Helena Tonetto
915(19). **Oscar Wilde** – Daniel Salvatore Schiffer
916. **Uma breve história do mundo** – H. G. Wells
917. **A Casa do Penhasco** – Agatha Christie
918. **Maigret e o finado sr. Gallet** – Simenon
919. **John M. Keynes** – Bernard Gazier
920(20). **Virginia Woolf** – Alexandra Lemasson
921. **Peter e Wendy** *seguido de* **Peter Pan em Kensington Gardens** – J. M. Barrie
922. **Aline: numas de colegial (5)** – Adão Iturrusgarai
923. **Uma dose mortal** – Agatha Christie
924. **Os trabalhos de Hércules** – Agatha Christie
925. **Maigret na escola** – Simenon
926. **Kant** – Roger Scruton
927. **A inocência do Padre Brown** – G.K. Chesterton
928. **Casa Velha** – Machado de Assis
929. **Marcas de nascença** – Nancy Huston
930. **Aulete de bolso**
931. **Hora Zero** – Agatha Christie
932. **Morte na Mesopotâmia** – Agatha Christie
933. **Um crime na Holanda** – Simenon
934. **Nem te conto, João** – Dalton Trevisan
935. **As aventuras de Huckleberry Finn** – Mark Twain
936(21). **Marilyn Monroe** – Anne Plantagenet
937. **China moderna** – Rana Mitter
938. **Dinossauros** – David Norman
939. **Louca por homem** – Claudia Tajes
940. **Amores de alto risco** – Walter Riso
941. **Jogo de damas** – David Coimbra
942. **Filha é filha** – Agatha Christie
943. **M ou N?** – Agatha Christie
944. **Maigret se defende** – Simenon
945. **Bidu: diversão em dobro!** – Mauricio de Sousa
946. **Fogo** – Anaïs Nin
947. **Rum: diário de um jornalista bêbado** – Hunter Thompson
948. **Persuasão** – Jane Austen
949. **Lágrimas na chuva** – Sergio Faraco
950. **Mulheres** – Bukowski
951. **Um pressentimento funesto** – Agatha Christie
952. **Cartas na mesa** – Agatha Christie
953. **Maigret em Vichy** – Simenon
954. **O lobo do mar** – Jack London
955. **Os gatos** – Patricia Highsmith
956. **Jesus** – Christiane Rancé
957. **História da medicina** – William Bynum
958. **O morro dos ventos uivantes** – Emily Brontë
959. **A filosofia na era trágica dos gregos** – Nietzsche
960. **Os treze problemas** – Agatha Christie